W0095673

Annemarie Stoltenberg
Magie des Lesens

Annemarie Stoltenberg

Magie des Lesens

Die schönsten Geschichten
über die Liebe zum Buch

Mit Illustrationen von Tanja Kischel

RECLAM

Ich kann keinen Grund sagen ohne Worte,
und Worte sind so zwiespältig, dass die Bedeutung immer
zwischen ihnen durchfällt.

SHAKESPEARE, »WAS IHR WOLLT«, III,I

Inhalt

Man muss schon einen Grund haben zum Umblättern

Ganz deutlich erinnere mich an das erste Buch, das ich geliebt habe. Ich bekam es in einer öffentlichen Bücherei, wo eine Bibliothekarin mit Güte und Geduld uns Kindern vorlas. Eine Wärmequelle war das und eine Gabe für die Zukunft. Es war ein Bilderbuch mit Schwarzweißfotos. Auf dem ersten Bild spielte ein kleines Mädchen im Nachthemd vorne auf den Stufen eines Hauses, auf dem nächsten lag es krank im Bett; es hatte sich an dem Abend erkältet. Die Puppe, die schon für den Geburtstag am folgenden Tag bereit gelegen hatte, machte sich auf den Weg in den Wald, um ein Medikament für das Kind zu suchen, einen Kräutertrank, damit es seinen Geburtstag doch noch würde feiern können. Vielleicht klingt es sonderbar, aber das verbinde ich bis heute mit Büchern. Sie bedeuten: Wärme und Zuwendung. Sie können für Hilfe in der Not sorgen und Auswege aus kniffligen Lagen zeigen. Ich habe nicht selten in schwierigen Situationen weinend angefangen zu lesen und mich getröstet gefühlt. Manchmal haben Bücher dafür gesorgt, dass ich die Kraft hatte, überhaupt weiter zu atmen.

Zu unseren immer wieder neu verblüffenden Leseerfahrungen gehört, dass man im Gespräch mit anderen Leserinnen und Lesern erfährt, wie sehr jeder sein eigenes, also ein je anderes Buch liest. Das gleiche gilt für Bücher, die man nach Jahren noch einmal zur Hand nimmt. Auf jeder Seite möchte man ausrufen: »Das habe ich noch nie zuvor gelesen!« Und die Unterstreichungen und Randbemerkungen? »Die können nicht von mir stammen.« Wir sind inzwischen nicht mehr die Menschen, die das Buch einmal gelesen und dabei etwas Bestimmtes empfunden haben. Im Reden über Literatur können wir nur von uns selbst sprechen – von unserem Selbst zu einer bestimmten Zeit. Lesend begeben wir uns auf die Suche nach uns selbst. Es braucht manchmal andere, um zu sehen, was unseren eigenen Augen entgangen ist. Lesend suchen wir in den Tönen, Bildern, Worten, was diese anderen gesehen haben müssen und wozu wir selbst keinen Zugang mehr finden konnten. Oder wir finden Verständnis für Menschen, die wir lieben, deren Verhalten uns aber rätselhaft oder gar verstörend erscheint. »Die Möglichkeit allgemeiner Wirkung beruht auf dem Beispielhaften, das der Künstler seinem individuellen Fall zu geben vermag.« So formulierte es einmal der Schriftsteller Günter de Bruyn. Und weiter: »Scheinbar paradoxerweise wird das nicht erreicht durch Allgemeinheit der Darstellung. Ganz im Gegenteil: Gerade das Konkrete, Individuelle, Zeit- und Ortsgebundene kann einer Geschichte die Genauigkeit und Stimmigkeit geben, die sie exemplarisch macht und damit nacherlebbar, auch in anderen Ländern, auch in späteren Zeiten.« Literatur schafft also Gefühle, die Menschen miteinander teilen. Erst und gerade dann, wenn ein Text Persönlichstes rückhaltlos darstellt, kann er auch für andere Menschen Gültigkeit haben. Das bedeutet, Lesen ist auch ein gestalterischer Prozess und hat durchaus autobiographische Aspekte. Lesend legen wir ein Stück unseres eigenen Lebens mit in den Text.

Als junge Frau habe ich mit Feuereifer Weltliteratur gelesen, Reclamhefte waren in jeder Tasche, ohne ein Buch ging es nie aus dem Haus. Es hätte immerhin sein können, dass einem unterwegs etwas passierte, man zum Beispiel in der Notaufnahme auf das Röntgen warten müsste – und da wäre doch ein Buch die einzige Ablenkung oder gar Hilfe gewesen.

Man kann lesen, und parallel kann sich noch etwas ereignen. Es gibt wenig so hoch Befriedigendes wie mit einem passenden Buch in einer Bahn zu sitzen. Es geht vorwärts (oder auch nicht – auf jeden Fall passiert etwas) und gleichzeitig kann man vor sich hindösen, nachdenken, aus dem Fenster schauen – oder sich eben einem Buch hingeben. Dann hat man dieses Hochgefühl, zwei Dinge gleichzeitig zu erledigen. Eine Entfernung wird bewältigt, und ein Text wird gelesen. Ich erinnere mich an einen Glücksmoment, als ich in Bremen in eine Regionalbahn umstieg, um nach Lilienthal zu gelangen. Just da flog in dem Roman, den ich dabeihatte, ein Junge mit einem selbstgebauten Flugzeug über Lilienthal! Unten sitzend konnte ich so alles gleichzeitig auch von oben begucken.

Beim Gehen zu lesen, war in meiner Jugend auch noch eine Option. Ich ging damals gerne mit einem Buch in der Hand von der Schule nach Hause. Dort angekommen war ich an einem Tag vollkommen in Tränen aufgelöst, weil ich unterwegs Tschingis Aitmatows *Dshamilja* gelesen hatte. Meine Mutter wollte sich wutentbrannt bei der Buchhändlerin beschweren, was für Bücher sie mir denn verkaufe!? Aber ich versicherte ihr: Die Geschichte (laut dem französischen Dichter Louis Aragon die schönste Liebesgeschichte der Welt) sei wunderbar.

Von zu Hause ausgezogen in die berühmte weite Welt, fand ich mich in einer Unterkunft ohne Waschmaschine wieder. Die Wäsche musste per Hand gewaschen werden: schrubben, spülen, wringen ... Für den Waschvorgang ging ich am liebsten mit einem Buch in der Hand auf der eingeweichten Bettwäsche in der Badewanne auf und ab. Und so war es keine verlorene Zeit, sondern gewonnenes Vergnügen.

Der Schriftsteller Elias Canetti erzählt in seinen Erinnerungen von einem Besuch der Philosophin Iris Murdoch. Sie war an dem Tag sehr unglücklich und verzweifelt, wollte aber abends unbedingt und trotz des Nebels wieder nach Hause fahren. Er begleitete sie bis zum Bahnhof und gab ihr als Reiselektüre ein kleines Buch über einen australischen Vogel, den legendären *Leierschwanz*, mit. Er ließ sie anschließend allein, dachte aber im Weggehen besorgt, ob er sie ohne Begleitung auf den Zug warten lassen konnte. Er kehrte noch einmal um, doch da saß sie schon auf der Bank und blätterte überglücklich in dem Buch, das er ihr geschenkt hatte. Das richtige Buch für den richtigen Moment.

Manchmal hat man das Gefühl, Bücher finden von allein ihre Leserinnen und Leser, um sich dann zu einem Reflexionsgebilde von eigenen Gnaden zu entwickeln und mit der Lebensgeschichte der Lesenden zusammen in einen Texthimmel zu wachsen, dessen Erschließungskraft, Weite und Unaufhörlichkeit, wie es der Schriftsteller Wilhelm Genazino einmal formulierte, die Lesenden nicht mehr verlassen werden.

Ich habe einen Stapel Bücher rund um das Thema Geburt gelesen, als ich mit 20 Jahren schwanger und ziemlich einsam war. Ich habe noch größere Stapel über Kindererziehung gelesen, als ich eine überforderte, alleinerziehende Mutter war, und mich immer wieder beruhigt gefühlt, wenn das, was gerade geschah, in den Ratgebern besprochen wurde. Ich habe mit dem britischen Autor Allen Carr dreimal aufgehört zu rauchen und ein Buch von Daniel Schreiber über Alkoholabhängigkeit mindestens 14-mal gelesen, um es danach monatelang für Notlagen zum wiederholten Lesen immer bei mir zu tragen, bis ich es geschafft hatte und ohne das Buch zurechtkam.

Bücher muss man nicht unbedingt sammeln oder besitzen. Bücher gehören nach meinem Verständnis in den Umlauf. Man sollte sie möglichst dann bekommen, wenn man sie braucht.

Und zur Not kann man sie fast alle neu beschaffen, wenn sie verschusselt, verstellt oder verschenkt worden sind.

Für manche Kinder ist Bildung etwas, das in ihrem Elternhaus ganz selbstverständlich da ist, andere erkämpfen sich ihren Aufstieg, ihren Ausweg aus der Armut schon früh ganz bewusst durch emsiges, bienenfleißiges Lesen, weil sie irgendwann begriffen haben, dass dies eine Leiter heraus aus dem Elend sein kann. Kleine Katastrophen sind es nach meinem Verständnis, wenn es nicht gelingt, einem Kind in der Schule Lesen und Schreiben beizubringen. Man kann in unserer modernen Welt nicht ohne fremde Hilfe und staatliche Unterstützung leben, wenn man diese Kulturtechnik Lesen, wie es heute so schön heißt, nicht beherrscht. Die Erziehungswissenschaftlerin Mechthild Dehn hat vor vielen Jahren schon auf dieses drängende Problem aufmerksam gemacht, weil es viel zu oft nicht bei jedem Kind gelingt, ihm in der Schule Lesen und Schreiben beizubringen. Sie forderte Unterstützung für das Lehrpersonal beim Unterrichten jener Kinder, denen das Lesen schwerer fällt als anderen. Bei einer öffentlichen Veranstaltung führte sie ihr Forschungsprojekt zu diesem Thema vor. Auf der Bühne saßen Kinder, die sehr gekonnt aus Kinderbüchern vorlasen, mal flüssiger, mal etwas holperiger. Dann kam das Kind an die Reihe, um das es anscheinend ging. Ein Junge, der *es* beinahe nicht geschafft hätte. Er begann zu lesen, mit großer Anstrengung, was ihm offenbar viel Mut und Kraft abverlangte. Und dann las er eine Geschichte von einer kleinen, einsamen Maus, die in den Wald ging und dort Freunde fand, die es ihm leichter machten und ihm helfen konnten. Plötzlich ging es: dieses Lesen. Der Junge erkannte sich selbst in dem Text wieder. »Das bin ja ich! Ein Menschenkind, das es schafft.« Vielleicht haben alle im Saal in diesem Augenblick etwas verstanden.

Bin ich zu romantisch? Wer weiß. Aber fest steht, dass Kinder, die alle Buchstaben und Entzifferungsregeln gelernt, das verborgene Leben der Wörter erfasst und die verschiedenen Verständnisprozesse ins Rollen gebracht haben, eine neue Welt erobern und die Erfahrung machen, dass Lesen Gefühle hervorrufen kann. In manchen Kindern, nicht in allen, wächst eine lebenslange, leidenschaftliche Liebe zum Lesen. Sie werden zu kompetenten, verstehenden Leserinnen und Lesern und haben so eindeutig mehr Chancen. Sie haben ein Lebensgeschenk bekommen. Jede Bibliothekarin oder jeder Bibliothekar kann davon erzählen, welch Jubel und welch besondere Energie herrschen, wenn eine Kindergartengruppe zum ersten Mal die Bücherei stürmt und entdeckt, was für Abenteuer, Geschichten und Märchen, Prinzen und Prinzessinnen hier darauf warten, wachgeküsst zu werden.

Der französische Schriftsteller Daniel Pennac, der als Kind eine Lese- und Schreibschwäche und unendliche Mühe beim Lernen hatte, besteht auf den unantastbaren Rechten eines Lesers. Man darf sich eben auch entscheiden, nicht zu lesen, man darf Seiten überspringen, man hat das Recht, ein Buch nicht zu Ende zu lesen, man darf es noch einmal lesen, lesen was man möchte, überall lesen, laut lesen und sogar das Lesen gelegentlich mit dem Leben verwechseln. Selbst die besten Bücher dürfen beiseite gelegt werden, wenn das Leben nach einem ruft und eigene Abenteuer zu überstehen sind.

Viele Menschen lesen nur abends vor dem Einschlafen. Im Grunde bedeutet das, dass wir unser Gehirn dahin trainieren, dass Bücher eine Art Schlafmittel sind. Das ist schade. Die klaren, hellwachen Stunden des Tages wären viel besser zum Lesen geeignet. Zumindest in den Ferien gelingt das vielen. Wer allerdings zuvor wochenlang kein einziges Buch zur Hand genommen hat und dann mit einem Bücherstapel in den Urlaub fährt, wird enttäuscht sein. Lesen bedeutet auch Übung. Sich auf einen umfangreichen Roman einzulassen, sich auf den Text konzentrieren zu können, ist eine Fähigkeit, die man gewöhnt sein muss. Man erinnere sich an die Schulzeit: Nach sechs Wochen Schulferien hatten wir an den ersten Tagen Mühe mit dem Schreiben; die Finger waren einfach noch zu ungelenk. Und so ist es auch mit den lesenden Augen. Selbst bei Büchern, die uns gut gefallen und Freude machen, klappen die Augen zu, man nickt darüber ein, der Text wandert in unsere Tag- oder Nachtträume und manchmal ist es dann auch schwer, zum Text zurückzukehren. Man kann trainieren, einen Marathon oder sieben Kilometer durch Wald und Wiesen zu laufen, und ebenso kann man das Lesen trainieren.

Theoretisch kann es auch passieren, dass das Leben über den Büchern vernachlässigt wird. Aber das ist in Wirklichkeit eine geringe Gefahr, die nur sehr selten bedrohlich wird. In den schlimmsten Fällen raubt die Literatur nur etwas vom eigenen Nachtschlaf. Als echter Bücherwurm habe ich, wie viele Kinder noch in den 60er Jahren, heimlich unter der Bettdecke oder an der Tür stehend mit einer Hand am Lichtschalter gelesen, um das Licht auszumachen, sobald an der Wohnzimmertür ein Geräusch zu hören war. Seltsam, dieses verbotene Lesen. Manchmal denke ich, man sollte Kinder nicht andauernd ermahnen oder ermuntern zu lesen, sondern das Lesen konsequent verbieten, damit es interessanter für sie wird.

Man verliebt sich beim Lesen auch in das Buch als Gegenstand. Man kann es anfassen, seine Herstellung bewundern, das Papier mögen, den Duft der staubigen Seiten einatmen und diesen schöner als Blumenduft finden. Aber, es sei geklagt, gejammert und gepfiffen, man liest auch viel Überflüssiges. Auf manche Bücher, die man erst voller Vorfreude und dann bald nur noch aus einem eigentümlichen Pflichtbewusstsein heraus zu Ende gelesen hat, hätte man besser verzichten sollen. Verschwendete Lebenszeit? Aber vielleicht stimmt das nicht. Vielleicht lernt man dabei etwas über den Unterschied zwischen guter und schlechter Literatur. Oder erinnert sich an die Notwendigkeit, Überblick und einen Maßstab zu finden. Doch immer wird das Gefühl des Viellesers bleiben, etwas Wichtiges versäumt zu haben.

Wer aus beruflichen Gründen liest, vieles lesen muss, entwickelt noch andere Marotten. Niemand kann wie eine Maschine lesen und sachlich darüber urteilen. Manche verlieren ihre Liebe zum Lesen über dem Beruf und können sie erst zurückerobern, wenn es nicht mehr eine Arbeit ist, die viele Stunden am Tag beansprucht. Meine Arbeit betreffend kann ich immer wieder nur die von Georg Christoph Lichtenberg stammende Frage wiederholen: »Wenn ein Kopf und ein Buch zusammenstoßen und es klingt hohl, ist denn das allemal im Buche?« Es macht für mich keinen Sinn, Bücher zu lesen, die ich nicht mag. Vielleicht gefallen sie ja anderen.

Mein großer Held ist Herr Felix in dem Film *Zurück an den Absender*, der (gespielt von Rudolf Platte) als Packer in einem

Verlag arbeitet und den Autorinnen und Autoren die abgelehnten Manuskripte zurückschicken soll. Er nimmt sie aber stattdessen nach der Arbeit mit nach Hause, liest sie und schreibt den Autorinnen und Autoren liebenswerte, einfühlsame Briefe, in denen er sie gelegentlich dazu ermuntert, weiter zu schreiben. Irgendwann wird sein Tun bemerkt. Er hat im Verborgenen ein echtes Talent entdeckt und wird nun vom Packer zum Lektor befördert. Da verliert er allerdings umgehend die Fähigkeit, Manuskripte zu beurteilen – plötzlich ist er kein echter, begeisterungsfähiger Leser mehr. Wer mit Büchern in seinem Beruf zu tun hat, hat diesen Weg gewählt, weil er oder sie weiß, dass hier das Glücksgefühl nicht im umgekehrten Verhältnis zur Arbeitszeit steht und die Zufriedenheit nicht nach der Höhe des Stundenlohns gemessen werden kann. Vielleicht ändert es sich ein wenig in Zeiten, in denen die berühmten Algorithmen auch die Entscheidungen im Handel mit Büchern bestimmen. Aber es bleibt gleichwohl dabei, dass der Mensch nicht von Brot allein lebt, sondern von Glück, Ehre, Würde, Poesie, Geist und Schönheit.

Also, ich versuche, die Bücher als Freunde zu betrachten, die ich mir unter vielen gut aussuche. Ich kann nicht jedem Buch meine Zeit widmen, ebenso wie ich mich nicht mit jedem Menschen und dem dazugehörenden Lebenslauf und der Familie beschäftigen kann. Wie bei Freunden lasse ich mich auf ihre besondere Geschichte ein, nehme sie mit in mein Leben und versuche dann, anderen davon zu erzählen – so wie ich hier Geschichten über die Magie des Lesens ausgesucht habe. Warum und zu welchem Zweck lesen wir? Es gibt viele Gründe dafür, keiner ist eindeutig, aber alle sind gut.

Man liest nur aus Liebe

GÜNTER DE BRUYN

CHARLES DANTZIG

URS WIDMER

CHRISTOPH MARTIN WIELAND

TATJANA HAUPTMANN

GÜNTER DE BRUYN

Wie ich zur Literatur kam

Der Schriftsteller Günter de Bruyn (1926–2020) war ein begnade-
ter Erzähler auch großer historischer Stoffe, darunter etwa seine
Geschichte über die preußische Königin Luise oder über die
Straße Unter den Linden. In seinem autobiographisch geprägten
Roman *Buridans Esel* (1968) lässt er einen Mann zwei Frauen lieben, zwischen denen er sich nicht entscheiden kann. Auf die Frage, warum er die Geschichte im Roman anders hat ausgehen
lassen als in seinem eigenen Leben, lächelte er und meinte, das
sei doch gerade der therapeutische Nutzen gewesen. Literatur
als biographischer Gegenentwurf also. In seiner Textsammlung
Lesefreuden (1986) erzählt de Bruyn, wie ihn als Kind die ersten
Bücher verzaubert haben. Später hat er systematisch deutsche
Literaturgeschichte studiert: Lessing, Schiller, Grillparzer, Hebbel. Besonders liebte er Fontane und Jean Paul. Aber es waren
seine frühen Leseabenteuer mit Zwergen, Hexen und Uhrenmännchen, die für ihn die Grundlage seines langen Leselebens
gebildet haben.

Die erste Lektüre, derer ich mich entsinne, ist eine Bildergeschichte, in der die Verse vorkommen: Doch im Walde da sind Wurzeln, worüber nun die beiden purzeln. Wenn mein Gedächtnis mich nicht täuscht, waren die beiden ein Page und eine Prinzessin, die sich in einem von Menschenfressern bewohnten Wald verlaufen. Später las man mir idyllische Märchen von Matthiessen vor. Der Band hieß »Das alte Haus«, war auf löschpapierartigem Papier gedruckt und mit Strichzeichnungen versehen, die man bunt ausmalen konnte. Die Zwerge, Riesen, Kartoffelkönige, Uhrenmännchen und sogar die Hexen waren gutartig und freundlich, und es floss kein Tropfen Blut. Tränen dagegen flossen bei mir reichlich über die wechselnden Schicksale eines deutschen Pinocchio, der »Das hölzerne Bengele« hieß. Das erste Stück großer Literatur, das ich an jedem 24. Dezember hörte, die Geschichte von Christi Geburt aus dem Lukas-Evangelium, übte einen Zauber eigener Art auf mich aus, der nie verging, da sich von Jahr zu Jahr mehr von dem erhellte, was erst dunkel geblieben war. Das Glück aber, in Literatur eigne Umwelt, eigne Innenwelt, sich selbst also wiederzufinden, begegnete mir zum ersten Mal in einem Stück Prosa, das im Schullesebuch meiner älteren Geschwister stand. Da wurde (von Scharrelmann, wie ich annehme, oder von einem anderen Deutschunterrichtsreformer der Jahrhundertwende) von einem Wintermorgen erzählt, an dem ein Kind durch ein in die Eisblumen der Fensterscheibe gehauchtes Guckloch die vom Schnee veränderte Umgebung beobachtet: schlitternde Nachbarskinder, schneefegende Straßenkehrer, die Milchfrau, weiße Atemwolken, die Pferde aus Nüstern blasen – reine Beschreibung vertrauter Dinge, die aber wunderbarerweise im Leser Gefühle wecken kann, von denen im Text nicht die Rede ist. Das Lesestück stand rechts oben und war höchstens eine dreiviertel Seite lang.

Das muss im ersten Schuljahr gewesen sein. Im selben Jahr noch verfiel ich, und zwar vollständig und für alle Jahre der Kindheit, einem Autor, der sich mit so kurzen Stücken nicht abgab, einem Lang- und Vielschreiber, einem Magier, Hochstapler, Scharlatan, dessen anhaltende Wirkung auch seinen Verächtern Rätsel aufgibt. Von 1933, dem Jahr, in dem Hitler an die Macht und ich zur Schule kam, bis in das erste Kriegsjahr hinein lebte ich in einer anderen Welt als die anderen, in einer Welt ohne Schulzwang, ohne Uniformszwang, ohne Aufmärsche, Fahnen, Lautsprecher – in der Welt Karl Mays.

Oder war es nicht doch mehr eine eigne, die mir Karl May nur erschaffen half? So kommt es mir vor, wenn ich ihn heute wieder lese. Mühsam muss ich mir, was da, noch immer vertraut, aber völlig entzaubert, auf dem Papier steht, rückübersetzen in die Sprache der Kindheit, und trotzdem gelingt es mir nicht, den Vorgang zu rekonstruieren, der mir damals den Gegenentwurf zu der Welt schuf, die mich umgab, den Entwurf einer Welt der Freiheit, die aber immer überschattet war von der Melancholie des Wissens um ihre Unwirklichkeit.

Es ist die Welt, die ich heute bei einem anderen Vielschreiber wiederfinde, aber bei einem großen, bei Cooper nämlich. Wenn der alte Lederstrumpf in den »Ansiedlern oder die Quellen des Susquehannah« nicht bereit ist, sich den Zwängen der Gesellschaft zu fügen, dann ist es da, dieses Kindergefühl aus Stolz, Trauer und Ohnmacht, das Unfähigkeit zur Anpassung umfunktioniert in Größe und sich dabei immer der Tatsache bewusst bleibt, dass seine Zeit vorbei ist. Mit der Wildnis, in der und gegen die sich der große Einzelne bewährt, stirbt auch sein Ethos. Über die Tragödie der Zähmung geht die Geschichte hinweg.

Nie mehr habe ich so isoliert gelebt wie als Kind. Eine Familie, die sich als Insel im Meer des Unglaubens und der Unmenschlichkeit verstand, hatte Gefühl und Verstand geprägt und sich dann aufgelöst. Das Kind blieb in der Diaspora allein, ein Katholik unter Protestanten, ein zum Nationalismus Unfähiger unter Nationalisten, ein Träumer unter Anpassern. Wie der asoziale Kleinbürger May beim Schreiben, reagierte das Kind beim Lesen sich Komplexe ab. May half ihm Isolierung ertragen, trug aber andererseits dazu bei, es tiefer in diese zu führen. Denn nie konnte es seine ausschließliche Liebe zu ihm mit jemandem teilen. Er galt auch damals schon als altmodisch, unzeitgemäß, unverdaulich, als Literatur der Großväter. Seine Landschaftsschilderungen langweilten, sein christliches Moralisieren wirkte lächerlich. Man las Rolf Torring, Billy Jenkins, William Tex oder Kriegsbücher über Kampfflieger und U-Boot-Kommandanten. Von denen blieb ich verschont.

Wie der letzten Seite eines jeden Karl-May-Bandes zu entnehmen war, gab es 65 davon, und mein Ehrgeiz trieb mich, sie alle zu lesen. Jeder der grünen Halbleinenbände, ohne Schutzumschlag, mit buntem Deckelbild, sonst aber nicht illustriert, hatte 500–600 Seiten. Etwa 35 000 May-Seiten habe ich also (wiederholtes Lesen einzelner Bände nicht gerechnet) damals gelesen, darunter für mich so unverständliche wie seine Gedichte, sein verlogenes »Ich« und die symbolistischen Romane, mit denen er in die Weltliteratur einzugehen gehofft hatte: eine kindliche Leistung, die mich mit Schauder erfüllt, der sich zum Grauen steigert, wenn ich bedenke, dass eigentlich ein Buch es nur war, das ich wirklich liebte und wieder und wieder las: »Winnetou« 1. Band, eine Art Entwicklungsroman, der sich heute wie eine Parodie auf dieses Genre liest, da der Held, der da entwickelt wird, sich in jeder Beziehung als entwickelter erweist, als die, die ihn entwickeln sollen.

Das Rätsel, das vermutete Wirkung von Literatur aufgibt, wird beim Gedenken an Karl May mir noch rätselhafter. Nachwirkenden Einfluss scheinen die vielen tausend Seiten nicht ausgeübt zu haben. Was da an vulgarisiertem Nietzsche, an Kolonialideologie, an kleinbürgerlichem Ressentiment, an kuriosen Rassenvorurteilen und Bismarck-deutschem Nationalismus auch drinstecken mag – es scheint mich nicht infiziert, eher immunisiert zu haben gegen großdeutschen Nationalismus und brutalen Rassismus. Sollte die, nach Arno Schmidt, das gesamte Werk latent durchsetzende Homosexualität ihre Samen in mich geworfen haben – aufgegangen sind sie nicht. Von ihrer Flucht- und Schutzfunktion abgesehen, wäre diese enorme Leseanstrengung gänzlich wirkungslos geblieben, wenn sie nicht ihren Wert in sich selbst hätte, als Übung und als Erlebnis der Vervielfältigung des Ichs, das nach Wiederholung drängte.

An Karl May habe ich lesen gelernt, im schulmäßigen und im literarischen Sinn. Die ersten Seiten im »Winnetou« waren die ersten Buchseiten überhaupt, die ich allein las. Mit vielen Fremdwörtern, fremden Namen und Begriffen war das der richtige Stoff für Lernanfänger nicht, aber literarisch war May eine gute Schule, weil er es einem schwer machte. Bei ihm lernte man, dass Lesen nicht so einfach ist und dass Vergnügen sich dabei oft erst einstellt nach intensiver Bemühung. Die wichtigste Erkenntnis aber war, dass auch Göttern, die wir uns aufrichten, um sie anbeten zu können, die Zeit bemessen ist, dass sie wie alles vergehen, und deshalb Skepsis nötig ist und kritische Wachsamkeit.

Die Mehrzahl meiner Jahre mit Karl May waren Jahre mühsamer Abwehr der Kritik an ihm, aus der langsam kritische Abkehr wurde. Als ich auf dem Höhepunkt der Verehrung, mit neun, zehn Jahren, erfuhr, dass alles, was er als Selbsterlebnis ausgab, erlogen war, entsetzte mich das, sofort aber pries ich die Stärke seiner Phantasie. Bei der Suche nach Argumenten gegen seine Verleumder entdeckte ich die Nützlichkeit von Sekundärliteratur und lernte Bibliotheken benutzen. Um Mittel zu seiner Verteidigung zu finden, prüfte ich seine geographischen und historischen Angaben und rühmte mich, besser als jeder andere Bescheid zu wissen über die Wüsten Neu-Mexikos, über die Kordilleren und das Land der Skipetaren, über Juarez und Maximilian, den Alten Dessauer und die heiligen Stätten des Islam. Schon fand ich es lächerlich, dass früher oder später sich jeder seiner Wildwest- oder Orienthelden als Mann ursprünglich deutscher, meist sogar sächsischer Abkunft entpuppte, erlaubte aber keinem andern, das lächerlich zu finden. Schon las ich Cooper und stellte fest, wie May ihn ausgeschlachtet hatte, schon ärgerte ich mich über die Unfehlbarkeit von Held und Autor, verfluchte ständige Wiederholungen, fand aber immer ein Trotzdem – bis eines Tages auch das wegfiel und die Schule der Kritik abgeschlossen war. Ein Idol war gestürzt, seine Trümmer blieben als Mahnmale erhalten. Der Vorgang brauchte nicht wiederholt zu werden.

Mein Verhältnis zur fiktiven Literatur blieb damals lange gestört. Ein Jahr noch versuchte ich, Karl May über seinen Tod in mir hinaus die Treue zu halten, indem ich mich mit Kultur und Geschichte der nordamerikanischen Indianer beschäftigte, wobei mein erstes eigenes schriftstellerisches Produkt entstand: die Beschreibung der Indianerschlacht bei Tippecanoe im Jahre 1811. Da war ich schon 14 oder 15 und lebte mein Leseleben noch immer unabhängig vom äußeren, das vorwiegend in Luftschutzkellern und Evakuierungslagern ablief.

Ich hatte nun die Sachliteratur entdeckt, las Reiseberichte, Biographien, Historisches und schließlich auch Literaturgeschichte, über die ich mich mit einem Gewaltakt wieder der schönen Literatur näherte. In einem Kontobuch, dessen Großformat schon die Riesenhaftigkeit der Aufgabe dokumentierte (für Indianerforschung hatte ich nur Vokabelhefte benutzt), entwarf ich einen auf drei Jahre berechneten Plan, der mir die deutsche Literatur erschließen sollte. Er begann mit Lessing, führte über Schiller und Goethe seltsamerweise zu Grillparzer und Hebbel und enthielt nur Dramen, allerdings sämtliche der genannten Autoren. Als ich in einem Viehwagen von Neuruppin an die Front transportiert wurde, war ich bei »Maria Magdalene« angelangt, von der ich (vom Schlusswort abgesehen: »Ich verstehe die Welt nicht mehr!«) genau so viel begriff, wie von allen Dramen zuvor, nämlich nichts.

Zum Erlebnis war mir in dieser Zeit, schlechten Gewissens gelesen, nur außerplanmäßige Literatur geworden: ein paar Gedichte von Goethe, Mörike, Storm und Holz; Eichendorffs »Taugenichts« und eine Zeile von Rilke: »Wer spricht von siegen, überstehn ist alles«. Zweigs »Grischa«, den ich während des Zwangsaufenthalts in einer Berliner Flakstellung gelesen hatte, war kein literarisches, sondern ein politisches Ereignis für mich geworden. In Dichtung suchte ich damals Bestätigung eigner Gefühle; dort aber wurden mir Erkenntnisse aufgedrängt, nach denen ich nicht gefragt hatte.

Dass dann schließlich Literatur und Wirklichkeit, Dichtung, Politik, Gefühl, Schönheit, Erkenntnis in eins zusammenfielen, geschah noch im selben Jahr, und zwar beim Lesen handgeschriebener Auszüge aus »Hyperion«, wo nicht nur der Aufschrei, der mir in der Kehle saß, anlässlich der Reise zu den Deutschen artikuliert wird: »… aber keine Menschen!«, sondern auch der Staat in seine Schranken verwiesen wird: »Man nehme sein Gesetz und schlag es an den Pranger.« Aber das ist dann schon eine Geschichte für sich.

Günter de Bruyn: »Wie ich zur Literatur kam«. In: G. d. B.: *Lesefreuden. Über Bücher und Menschen*. Frankfurt a. M.: S. Fischer Verlag, 1986.
S. 286–292. – © 1986 S. Fischer Verlag GmbH, Frankfurt a. M.

Wozu Lesen?

Einer der wohl am meisten in Bücher vernarrte Mensch war der Modeschöpfer Karl Lagerfeld (1933–2019). Er soll 300 000 Bücher, verteilt in mehreren Appartements und Häusern, besessen haben. Für ihn war die Liebe zum bedruckten Papier eine Art Krankheit, von der er aber keineswegs geheilt werden wollte. In dem Göttinger Verleger Gerhard Steidl fand Lagerfeld einen Mitstreiter, mit dem er Stunden und Tage über Bücher, ihren Duft, die Typographie und das Papier diskutieren konnte. Zwei Qualitätstiger. Gemeinsam gründeten sie den Lagerfeld. Steidl. Druckerei. Verlag, dessen Kürzel L.S.D. schon die Richtung weist – Bücher als Suchtmittel. Für diesen Verlag wählte Lagerfeld einen Band des 1961 in Frankreich geborenen Essayisten Charles Dantzig aus, der die luftig verliebte Frage stellt: »Wozu lesen?« (*Pourquoi lire*, 2010). Unter diesem Titel erschien Dantzigs leidenschaftliches Plädoyer, in dem er in charmantem Ton für die Lektüre von Büchern wirbt. Wer sich gelegentlich selbst diese Frage stellt, findet bei ihm tausendundeine Antwort und kann seine inneren Batterien, seinen Motivationsspeicher, wieder aufladen.

Man liest nur aus Liebe

Um es vorab zu sagen – wobei ich vermeintlich klärende Einleitungen, die doch nur Zweifel säen, genauso ablehne wie Schlussworte, die nichts abschließen – um es also vorab zu sagen: Wer viel liest, liest aus Liebe. Anfangs ist man in die Figuren verliebt; dann verliebt man sich in den Autor; und am Ende in die Literatur. Sie ist die Prinzessin, nach der wir ewig suchen, wenn wir dem Gefühl von Reinheit und Frische nachspüren, das wir beim Lesen unserer ersten Bücher empfanden und nun nicht mehr empfinden, was uns vielleicht zu Unrecht traurig stimmt. Wir haben unsere Naivität verloren, aber auch unsere Unwissenheit. Bevor wir lasen, schien uns noch das kümmerlichste Talent ein Pavarotti zu sein. Es ist wie bei einem Forschungsreisenden im Dschungel, der beim ersten Tausendfüßler, der ihm über den Weg läuft, in Entzücken gerät; wenn er nach monatelangen Märschen eine Lichtung erreicht, auf der zum Gesang von Leierschwänzen Feen tanzen, ist er auch hierfür keineswegs unempfänglich. Selbst wenn man viel liest, kann die Quantität der Lektüre ihrer Qualität nichts anhaben.

Der Zauber der Literatur wirkt häufig in der Kindheit. Viele streifen ihn nie ab. Das sind die Menschen, die aus Romanen Bestseller machen: Frauen, die wie kleine Mädchen von der Liebe träumen, lassen Schund, der sie darüber hinwegtröstet, dass sie einen Rüpel geheiratet haben, der beim Essen die Ellbogen auf den Tisch legt, die 300 000er-Marke erklimmen, und Männer, die immer noch spleenige Teenager sind, verlassen das von Privatsendern übertragene Fußballspiel nur, um von apokalyptischen Idioten geschriebene Zukunftsromane zu lesen.

Manchmal gesellen sich zu den Rössern der heißen Liebe die Schneepferde des eisigen Wissens, und der weiße Atem, der aus ihren gläsernen Nüstern quillt, nimmt uns unsere Unbefangenheit. (Ah, welch diebisches Vergnügen, schlecht zu schreiben und sich vorzumachen, es sei gut!) Deshalb werden große Leser immer anspruchsvoller: Weil sie gelesen und gelesen und immer weniger empfunden haben, suchen sie in der Rarität die Würze. Sie sind wie Verdurstende, deren Durst selbst mit Tankschiffen voll frischem Wasser nicht zu stillen wäre. Trinken! Trinken!, rufen sie, während sie mit rabiater Geste die edelsten Champagnerflaschen und Liköre von sich weisen.

Charles Dantzig: »Man liest nur aus Liebe«. In: C. D.: *Wozu Lesen?* Aus dem Franz. übers. von Sabine Schwenk. Göttingen: L. S. D. (Lagerfeld, Steidl, Druckerei Verlag) im Steidl Verlag, 2011. S. 36 f. – © 2011 Steidl Verlag, Göttingen.

URS WIDMER

Vom Fenster meines Hauses

Der Schweizer Schriftsteller und Übersetzer Urs Widmer (1938–2014) strahlte, wo immer er auftrat, etwas Gewinnendes aus, eine überwältigende innere Heiterkeit und Freundlichkeit, gepaart mit einem soliden Qualitätsanspruch, der ihn auf wundersame Weise nicht unleidlich gegenüber anderen machte. Er verfasste zahlreiche Bücher und Geschichten, bei deren Lektüre man nicht umhin kann, mit ihm gemeinsam zu lieben und zu leiden. Seine Autobiographie mit dem Titel *Reise an den Rand des Universums* wollte er lange Zeit nicht schreiben, weil ein autobiographisches Werk seiner tiefen Auffassung nach der letzte Text eines Dichters sein müsste. Danach könnte nichts mehr kommen. Er hat seinen Lebensbericht 2013 dann auch tatsächlich als sein letztes Buch veröffentlicht. Aufgewachsen ist Urs Widmer in einer Familie, in der Lesen von hoher Bedeutung und eine reiche Büchersammlung vorhanden war. Viele Wesen aus den Büchern entfachten seine Phantasie, seine Empfindungs- und Erlebnisfähigkeit und waren für ihn ein wichtiger Teil seiner Kindheit. Wer sich in einem Buch verlieren kann, ist eben niemals ganz allein.

Die Bücher von früher oder Ein Beweis, dass der Schnupfen der Vater aller Dichtung ist, ein Essay

Ich hatte einmal ein Buch, in dem der eine Held lang und dürr, der andere dick und dumm war. Ich aß und aß, aber ich wurde nicht dick und nicht dumm. Bei uns gab es keine Windmühlen, nicht einmal Bachmühlen. Der Schularzt hielt mich für ein Mädchen, der Vikar für einen Mörder. Stundenlang lagerte ich an den Rinnsalen der Sierra Morena, aber nie tat sich die Erde auf, nie traten der Hagere und der Dicke aus den Farnsträuchern hervor und hauten mich auf die Schulter.

In einem andern Buch hatte Methusalem eine blaue Nase vom vielen Reisweintrinken, ein rotes Gesicht von den Monsunen, und er war uralt. Er schlurfte durch die heißen Straßen Pekings. Er glaubte sich daran zu erinnern, dass ihm einmal heiße Taifune um den Hintern gebraust waren.

Als die Mörder der Indianer, die mir in einem dritten Buch begegnet waren, in den Himmel kamen, rechnete ihnen der heilige Petrus alle ihre Morde vor. Es nützte ihnen nichts, dass sie sagten, sie hätten es im Dienst einer guten Sache getan. Im Himmel weht der Wind aus einer andern Richtung. Die Mörder der Indianer wurden auf eine kleine Wolke gesetzt. Sie klammerten sich aneinander, weil ihre Beine in der freien Luft hingen. Sie trieben an riesenhaften Wolken vorbei, auf denen johlende Engel saßen. Sie starrten nach unten, auf den tiefblauen Pazifik, auf die Fidjiinseln. Als sie über Nordamerika waren, sahen sie, dass ihre Wolke immer schwärzer wurde. Dann fielen die ersten Regentropfen unter ihnen weg. Sie rückten näher zusammen. Ihre Hintern wurden nass. Dann stürzten sie, pi mal 9,8, auf die Erde hinunter, auf der sie, tot oder nicht tot, zerschellten, umtanzt von schreienden Indianern.

Andere Völker lösen sich in Luft auf, wenn ihre Zeit vorbei ist: die Hunnen, die Westgoten, die Phönizier. Ein Engländer aber steht Schlange, auch wenn er allein ist. Das hat Robinson gerettet. Mit einem eingebildeten Regenschirm und einem imaginären Bowler ging er jeden Tag auf die Hasenjagd. Pünktlich bei Sonnenaufgang machte er seine Liegestütze. Immer schnitt er seine Kerben in den Kalenderbaum. Immer spürte er, über die weiten Meere hin, die Nabelschnur, die ihn mit seiner Königin verband. Es war auch damals schon eine schwere Aufgabe, Königin zu sein. Von ihrem Nabel gingen Millionen von Nabelschnüren aus. Jeden Morgen rupfte sie pauschal an ihnen, um die verzweifelten Untertanen für einen Tag zu beruhigen. Dann stand sie auf und ging Tennisspielen, Polospielen, Dominospielen. Dann und wann sah sie sich in Filmen an, was ihre Untertanen taten. Sie sah, dass sie Kohlensäcke herumtrugen oder röchelnd in Rinnsteinen lagen. Die Königin dachte, von mir aus können sie machen was sie wollen, *ich* allerdings würde nie einen Kohlensack tragen oder im Rinnstein röcheln. In ihren Filmen kam Robinson nicht vor. Er hatte jetzt einen Freitag, dem er beibrachte, wie man einen unsichtbaren Zylinder aufsetzt und einen Spazierstock aus Luft durch die Luft schwingt, kurz, heftig, fröhlich, selbstsicher. Freitag versuchte es. Dann spazierten die beiden Gentlemen einen langen weiten Sandstrand hinunter, mit gemessenen Schritten, in kluge Gespräche vertieft. Sie schwangen ihre Stöcke. Dann und wann zogen sie vor einem vorbeihuschenden Kaninchen ihre Hüte.

Was haben die Dichter immer mit den Farben? Vielleicht wären sie lieber Maler geworden? Mir sind die Töne das Heiligste. Ich hätte gern eine Schreibmaschine, die, statt zu rattern wie ein Banküberfall, holde Töne von sich gäbe. Der Beistrich wäre ein fis, die 9 ein cis, der § ein zweigestrichenes c. Während ich für meine Leser einen Essay über den Schnupfen schriebe, spielte die Maschine für mich eine Sonate von irrer Schönheit. Bald würde ich meine Argumente nach den Tönen meiner Maschine wählen. Meine Leser wären überrascht, sicher aber fände sich dann ein Germanist, der ihnen alles erklärte. Ich schriebe inzwischen vierhändig zusammen mit meiner Frau, wir schrieben mit gespitzten Ohren, weil meine Maschine nur die leisesten Töne von sich gibt, wie das Hauchen eines Grashalms, wenn der Mond über ihn hinwegrauscht.

Der Schnupfen ist deshalb der Vater aller Dichtung, weil er die Sperren der Selbstzensur auf Null reduziert. Schriftsteller wie Thomas Mann, Siegfried Lenz und Günter Herburger legen sich immer dann ins Bett, wenn ihnen allzu heiße Gedanken im Kopf herumzischen. Wenn ihr Puls wieder ruhig ist, schreiben sie weiter. Natürlich müssten sie es umgekehrt machen. Dann würde die deutsche Literatur heute anders aussehen. Ein großer Schnupfer war Arthur Rimbaud, obwohl er später in ein Klima zog, das die Dichtung nicht begünstigt. Warum hat er uns nie eine schwarze Sklavin geschickt? Wir hätten seinen verzweifelten Brief gelesen, wir hätten die Sklavin gut behandelt, gegen unser Lebensende, das auch ihr Lebensende gewesen wäre, hätten wir ihr die Freiheit geschenkt. Frei wäre sie durch die Innenstadt von Frankfurt geschlendert, nackt, schwarz. Mit offenen Mäulern hätten die Innenstädter das Bild der schwarzen Freiheit angestarrt. Niemand hätte gewagt, sie anzusprechen.

Warum, junger Mann, machen Sie nie Reime? schrie mein Poesielehrer. Ich mache welche, antwortete ich verlegen, für die Elche. Der Lehrer sah mich an. Na schön, sagte er, ich gebe Ihnen eine Zwei plus. Zufrieden ging ich mit meinem Zeugnis nach Hause, zu meiner Mutter. Sie saß in einem Schaukelstuhl und häkelte. Sie sah auf mein Zeugnis, streichelte mich und sagte: Und jetzt putz deinen Tafelrahmen. Ein Liebesgedicht, das einen schmutzigen Rahmen hat, ist wie ein Vanilleeis, über das man heißes Petroleum gegossen hat.

In einem fünften Buch saß ein hölzerner Kasper auf einer Burgzinne im Abendwind und kicherte auf die Schildknappen hinunter, die schwitzend die Zugbrücke hochzogen. Er konnte gehen und sprechen. Tagsüber schlief er in einer Holzkiste, und nachts zupfte er Prinzessinnen die Nachthemdchen hoch. Die alten Könige glaubten nicht an ihn, für sie war er ein Holzkopf und ein bisschen Stoff. Der Unglaube der Häuptlinge war seine beste Tarnung. Er war es, der immer wieder in die Verliese schlich und die Gefangenen befreite, die an nasse Mauern angeschmiedet waren, weil sie über die neuen Kleider des Kaisers gelacht oder unter die alten der Kaiserin geblickt hatten.

Lustig ist ein Exil nie. Aber warum gehen wir nicht alle zusammen nach England: alle deutschen Dichter? Die zu Hause werden schön schauen, wenn kein einziges Lied mehr aus den deutschen Wäldern aufquillt. Wenn es keinen einzigen Protest mehr gibt, weil der Bundeskanzler einen Physiker, der eine Irrlehre verbreitet hat, öffentlich auspeitschen lässt. Wenn die Sonntagszeitungen ohne ein einziges Sonett von mir oder Max von der Grün erscheinen. Wir aber werden alle auf einer Farm in Cornwall leben. Carl Améry kümmert sich um die Artischocken, Peter Bamm um die Bohnen, Elias Canetti um die Chicorée, Heike Doutiné um den Dünger, Helmut Eisendle um die Erdäpfel, Günter Bruno Fuchs um die Fische, Martin Gregor-Dellin um das Goulasch, Hans Habe um die Heilkräuter, und ich mich um den Weinbau. Auch in unserer neuen Heimat werden wir still durch den Nebelglanz tappen, auch hier werden wir die Büsche im Tal kaum erkennen können.

Wenn ich bedenke, dass mein Vater aus dem gleichen Dorf wie die Habsburger stammt: welch verschiedenartige Entwicklung unsrer Häuser. Vom Geburtshaus meines Vaters sieht man auf die Mauern der Habsburg, deren Zinnen, hoch über uns, im Nebel verschwinden. Ich habe zwar keine hängende Unterlippe, aber auch in meinem Reich geht die Sonne nie unter. Der Vater meines Vaters hatte den Stier des Dorfs. Ein Leben lang hegte und pflegte er ihn, um ihn einmal auf einen Habsburger hetzen zu können. Die aber reisten nur in gepanzerten Kutschen oder mit seltsamen Flugmaschinen. Sie segelten an großen Drachen hängend davon, mit dem Wind. Schließlich war ja überall ihr Reich. Sie landeten in Sizilien oder Spanien und taten so, als sei ihr Erscheinen ein geplanter Staatsbesuch. Die Untertanen jubelten. Sie wussten nicht wie wir im Dorf, dass die Habsburger Säue waren, auf die wir unsern Stier nur deshalb nicht losließen, weil sie Flugmaschinen und gepanzerte Karossen hatten.

Überhaupt die Familie: Vater lustig, im Alter ernst geworden. Mutter ernst, im Alter lustig geworden. Schwester selbstbewusst, mit heimlichen Tränen. Großvater Aufsteiger. Der andere Violinist und Schulmeister. Die eine Großmutter schön und jung gestorben, die andre mit vorwurfsvollem Kinn und uralt geworden. Die Urgroßeltern: einerseits Malzfabrik, andrerseits Weinbauern, dritterseits Apfelbauern, vierterseits Stierhalter. Napoleon setzte jahrelang meinem liebsten Vorfahren nach, über Berg und Tal, er erwischte ihn aber nicht, obwohl mein liebster Vorfahre Tonnen von Gewehren und Pistolen in die Cisalpinische Repub-

lik schmuggelte, die damals von allen braven Leuten Veltlin genannt wurde. Mein liebster Vorfahre trank seinen Wein aus Fünf-
zigliterfässern, die er einhändig hochhob. Meine Mutter hat
Tränen in den Augen, wenn sie von ihm spricht. Welcher Sohn
kennt die Sehnsüchte der Mütter? Wir denken, die Mütter sind
unmusikalisch und lieben den Haushalt. Nachts aber spielen sie
heute noch auf Blockflöten und drehen sich in imaginären Ball-
kleidern um den Küchentisch, mit unserm liebsten Vorfahren im
Arm, der ihretwegen sogar das Weintrinken vergisst.

Wie alles läuft: das Wasser, die Sportler, die Hasen, die Hunde,
das Schreiben, die Zeit.

Auch außen sind überall Ghettos: Studenten studieren in hüge-
ligen Landschaften mit Studenten. Alte Männer sitzen in großen
kahlen Hallen mit alten Männern. Leitende Angestellte sitzen,
hinter einem tadellos eingeschenkten Pils, in Pubs, mit leitenden
Angestellten. Dichter fallen, in christlichen Hospizen, Dichtern
um den Hals, bestenfalls Dichterinnen. Arbeiter trauen sich
kaum in die Kinos der Innenstadt. Nur die Juden verstreut man
sorgfältig über die ganze Stadt, ins Westend einen, ins Ostend
einen, einen ins Nordend und einen ins Südend.

Andere Väter der Dichtung sind: eine unglückliche Kindheit.
Eine sehr glückliche Kindheit. Schnaps. Ein älterer Freund, der
auch dichtet. Eine heftige Abneigung, jeden Morgen um sechs
Uhr früh aufzustehen. Der Glaube, dass man ein Wort ausspre-
chen kann, und Bäume zerbersten. Rheuma. Liebe. Bedrohte
Freiheit. Eine junge Mutter, die sagt, wenn du nicht Anwalt, Offizier oder Chirurg wirst, springe ich vom Wasserturm. Eine alte
Mutter, die im Schaukelstuhl sitzt und häkelt und sagt: Genau
das habe ich ein Leben lang erhofft, Sohn.

Leise stirbt der alte Dichter, weil er sich plötzlich beim Dichten langweilt. Immer deutlicher scheinen durch die neuen Wörter die alten Gedanken hindurch. Hätte er, vor zehn Jahren, eine neue Sprache lernen sollen, like Mr. Beckett who writes in french now? Oder hätte er neue Gedanken suchen müssen, aber wo?

Jedes Element hat sein eigenes Buch: das Wasser den Moby-Dick, das Feuer das Alte Testament, die Erde den Don Quixote – aber welches Buch ist so, dass wir es einatmen können ohne es lesen zu müssen?

Urs Widmer: »Die Bücher von früher oder Ein Beweis, daß der Schnupfen der Vater aller Dichtung ist, ein Essay«. In: U. W.: *Vom Fenster meines Hauses aus.* Prosa. Zürich: Diogenes, 1977. S. 98–107. – © 1977, 1981 Diogenes Verlag AG, Zürich.

Koxkox und Kikequetzel
Eine mexikanische Geschichte

Christoph Martin Wieland (1733–1813), als Dichter der Aufklärung, wird, man kann es nicht oft genug beklagen, viel zu wenig gelesen. Als Einstiegsdroge empfiehlt sich seine Erzählung *Koxkox und Kikequetzel*, die 1770 im Rahmen seiner *Beyträge zur geheimen Geschichte des menschlichen Verstandes und Herzens. Aus den Archiven der Natur gezogen* erschienen ist. Wieland setzt sich hier in raffinierter Weise auseinander mit den Theorien des Genfer Philosophen Jean-Jacques Rousseau (mehr zu ihm auf S. 118), für den der unverdorbene Urzustand des Menschen voller Unschuld war. Wieland hält dem entgegen, die Natur des Menschen gebe viel eher vor, dass wir »nicht anders als durch einen langen Mittelstand von Irrtum, Selbsttäuschung, Leidenschaften und daher entspringendem Elend zur Entwicklung und Anwendung ihrer höhern Fähigkeiten gelangen können«. *Koxkox und Kikequetzel* ist eine Variation der Schöpfungssage, die er bei dem mexikanischen Philosophen Tlantlaquakapatli gelesen haben will. Hier erzählt er von einem Paar, das sich wie Adam und Eva – ohne Erziehung, ohne andere Menschen zu kennen – begegnet und rätselhaftes, unbändiges Vergnügen aneinander findet, dann aber alle Sünden und Verfehlungen, Irrungen und Wirrungen durchläuft. Wieland beweist ganz nebenbei, dass Literatur eben immer auch aus anderer Literatur entsteht.

8.

K oxkox war, nach der gelehrten Zeitrechnung des Philosophen *Tlantlaquakapatli*, – gegen welche sich vielleicht Einwendungen machen ließen, ohne dass den Wissenschaften ein merklicher Nutzen aus der ganzen Erörterung zugehen würde – *Koxkox*, sage ich, war in dem wichtigen Augenblicke, wovon die Rede ist, achtzehn Jahre, drei Monate, und einige Tage, Stunden, Minuten und Sekunden alt.

Er war fünf Fuß und einen halben Palm hoch, stark von Gliedmaßen, und von einer so guten Leibesbeschaffenheit, dass er niemals in seinem Leben weder Husten, noch Schnupfen, noch Magendrücken, noch irgendeine andre Unpässlichkeit gehabt hatte; – welchen Umstand der weise und vorsichtige *Kornaro*, in seinem bekannten Buche von den Mitteln alt zu werden, seiner Mäßigkeit und einfältigen Lebensart zuschreibt.

Die Absonderung seiner Säfte ging also vortrefflich vonstatten, und die flüssigen Teile befanden sich bei ihm mit den festen in diesem glücklichen Gleichmaße, welches, nach dem göttlichen *Hippokrates*, die Bedingung einer vollkommenen Gesundheit ist.

Alle seine Sinne und sinnlichen Werkzeuge befanden sich in derjenigen Verfassung, welche – in allen Handbüchern der Wolfischen Metaphysik – zum *Empfinden* erfordert wird. Die Kanäle seiner Lebensgeister waren nirgends verstopft, und die Fortpflanzung der äußern Eindrücke in den Sitz der Seele, (welcher, im Vorbeigehen zu sagen, ihm so bekannt war als irgendeinem Psychologen unserer Zeit) nebst der Absendung der *Volizionen* und *Nolizionen* aus dem Kabinett der Seele in die äußersten Fäserchen derjenigen Werkzeuge, welche bei Ausführung derselben unmittelbar interessiert waren, ging mit der größten Leichtigkeit und Behändigkeit vonstatten.

Er hatte ungefähr vor zwei Stunden eine starke Mahlzeit von Früchten und geröstetem *Mais* getan, und ungefähr drei Nössel von einem Trank aus Wasser, Kakaomehl und Honig zu sich genommen, von welchen beiden Ingredienzien das erste bekanntermaßen sehr nährend, und das andere, nach *Boerhaave* und allen die *Er* abgeschrieben hat und die *Ihn* abgeschrieben haben, ein vortreffliches *Konfortativ* ist, dessen *Koxkox* weniger als irgendeiner von unsern angeblichen Mädchenfressern nötig gehabt zu haben scheint.

Es war ungefähr um vier Uhr nachmittags, in dem Monat, worin ein allgemeiner Geist der Liebe die ganze Natur neu belebt, alle Pflanzen blühen, tausend Arten von bunten Fliegen und Schmetterlingen, aus ihren selbst gesponnen Gräbern aufgestanden, ihre feuchten Flügel in der Sonne versuchen, und zehentausend vielfarbige *Wizizilis* auf jungen Zweigen aus ihrem langen Winterschlummer erwachen, um unter Rosen und Orangenblüten zu schwärmen, und ihr wollüstiges Leben, welches mit der Blumenzeit anfängt, zugleich mit ihr zu beschließen.

Es ist sehr zu bedauern, dass *Tlantlaquakapatli*, aus Mangel eines *Reaumürschen* oder irgendeines andern Thermometers, nicht imstande war, den *Grad der Wärme* zu bestimmen, auf welchem sich damals die Luft befand.

Es war ein schöner, warmer Tag, sagt er, die Luft rein, und der oberste Teil derselben lasurblau; und es wehte ein angenehmer Wind von Nord-West-West, welcher die Sonnenhitze so gut mäßigte, dass das Rot auf *Koxkoxens* Wangen, etliche Augenblicke zuvor eh' er das schlafende Mädchen erblickte, nicht höher war, als es auf den innersten Blättern einer neu aufgehenden Rose zu sein pflegt.

Unser Philosoph – welcher glaubt, dass alle diese Umstände bei Berechnung der Ursachen und Wirkungen der menschlichen Leidenschaften mit in die Rechnung gebracht werden müssen – ist ebenso genau in Angebung aller der kleinen Bestimmungen, unter welchen die schöne *Kikequetzel* dem jungen Mexikaner in die Augen stach.

Seiner Beschreibung nach, war sie gerade so gekleidet, wie die Grazien der Griechen oder die Töchter der Karaiben auf den Antillen, das ist in derjenigen Kleidung, wegen welcher der ältere *Plinius* – vermutlich in einem Anstoß von schlimmer Laune – mit der *Natur* einen Zank anfängt, der uns (alles wohl überlegt) der unbilligste unter allen scheint, welche jemals ein missmütiger Philosoph mit ihr angefangen hat.

Sie lag auf einem grünen Rasen, dessen dichtes blumenvolles Gras sie (wie Homer von seiner bekannten Göttergruppe auf dem Ida sagt) sanft empor zu heben schien. Ihr Haupt ruhte auf einem Haufen der schönsten Blumen, welche sie vermutlich selbst (es wäre denn, dass man glauben wollte, dass Zefyr oder irgendein andrer Sylfe ihr diese Galanterie gemacht habe) zu diesem Gebrauch zusammengetragen hatte. Ihr rechter Arm – dessen schöne Form unser Philosoph nicht unbemerkt lässt – verbarg einen Teil ihres Gesichts, und bekam durch die Verkürzung, und den sanften Druck, den er von seiner Lage litt, einen Reiz, der – wie alle Grazien – sich besser fühlen als zeichnen, und besser zeichnen als beschreiben lässt. – Das leichte Gesträuch, welches eine Art von Sonnenschirm um sie zog, warf kleine bewegliche Schatten auf sie hin, welche die pittoreske Schönheit des *Gemäldes* – denn noch war es nichts mehr für unsern Mann – erheben halfen.

9.

Tlantlaquakapatli untersteht sich aus verschiedenen Ursachen nicht, zu bestimmen, wie schön das Mädchen gewesen sei; – denn

Erstlich, (sagt er) fehlen mir dazu die nötigen Originalgemälde, Zeichnungen, Abdrücke, usw.

Zweytens, haben wir kein allgemein angenommenes Maß der Schönheit, und

Drittens, ist auch keines *möglich,* – bis alle Menschen, an allen Orten und zu allen Zeiten, aus *einerlei Augen* sehen, und den Eindruck mit *einerlei Gehirn* auffassen werden; – und das, spricht er, hoffe ich nicht zu erleben.

Indessen getraut er sich so viel zu behaupten, dass sie, so wie sie gewesen, dem ehrlichen *Koxkox* das schönste und lieblichste Ding in der ganzen Natur geschienen habe; – und wir zweifeln, ob es möglich sei ihm das Gegenteil zu beweisen.

Die Wahrheit zu sagen, bei einem Dinge, welches das einzige in seiner Art ist, hat weder Vergleichung noch Übertreibung Statt. *Koxkox* konnte keine Idee von etwas Besserm haben als er vor sich sah. Seine Einbildungskraft hatte gar nichts bei der Sache zu tun; seine Sinne und sein Herz taten alles. *Kikequetzel* hätte so schön sein mögen als *Kleopatra, Poppäa, Roxelane* oder Frau von *Montespan*, oder, wenn ihr lieber wollt, so schön als *Oriane, Magellone, Frau Kondüramur,* und die Prinzessin *Dulcinea* selbst, ohne dass sie ihm um ein Haar schöner vorgekommen wäre, oder um den hundertsten Teil des Drucks eines Blutkügelchens mehr Eindruck auf ihn gemacht hätte, als so wie sie vor ihm lag.

»Das ist wunderlich.« – Es ist nicht anders, mein Herr.

Unser Autor – dessen verloren gegangene Schriften der geneigte Leser umso mehr mit mir bedauern wird, als uns diese Probe von seinem Beobachtungsgeiste keine schlechte Meinung

gibt – geht noch weiter, indem er sich sogar getraut, die *eigensten Empfindungen* von Augenblick zu Augenblick zu bestimmen, welche *Koxkox*, einem so unverhofften Gegenstand gegenüber, habe erfahren müssen.

Beim *ersten* Anblick, spricht er, schauerte der Jüngling, in einer Art von angenehmem Schrecken, zwei und einen halben Schritt zurück.

Im *zweiten* Momente guckte er, mit aller Begierde eines Menschen der sich betrogen zu haben fürchtet, wieder nach ihr hin. Der Durchmesser seines Augapfels wurde um eine halbe Linie größer; er hielt die linke Hand etwas eingebogen vor seine Stirne, so dass der Daumen an den linken Schlaf zu liegen kam, und schlich sich allgemach mit zurück gehaltenem Atem näher, um sie desto besser betrachten zu können.

Im *dritten* Momente glaubte er einen kleinen Unterschied zwischen ihrer Figur und der seinigen wahrzunehmen, und eine Bestürzung von der angenehmsten Art, welche ihn bei dieser Entdeckung befiel, nahm

Im *vierten*, und

fünften dergestalt zu, dass er im

sechsten eine Art von Beklemmung ums Herz fühlte, welche sich ungefähr im

neunten oder *zehenten* mit der oben besagten Ergießung des subtilen elektrischen Feuers aus seinem Herzen durch alle Adern, Kanäle und Fasern seines ganzen *Wesens endigte.*

Dieser letzte Augenblick ist, nach der Meinung unsers Autors, *der angenehmste in dem ganzen Leben eines Menschen*; und dasjenige, was er darüber philosophiert, scheint uns nicht unwürdig zu sein, in einem kleinen Auszuge zu einem eigenen Kapitel gemacht zu werden.

10.

Die ganze Natur, spricht er, zeugt von der Güte und Weisheit ihres Urhebers.

Aber in der ganzen Natur überzeugt mich, – *Tlantlaquaka-patli, Mixquitlipikotsohoitl's Sohn,* nichts vollkommner und inniger von dieser größten und besten aller Wahrheiten, als die Beobachtung der besondern Aufmerksamkeit, welche dieser unsichtbare Geist der Natur darauf gewandt hat, – den höchsten Grad des Vergnügens, dessen der Mensch fähig ist, mit denjenigen Empfindungen unauflöslich zu verbinden, welche den großen Endzweck seines Daseins unmittelbar befördern.

Glaub ich, am Ende einer feurigern Bestrebung meines Geistes durch die krummen Irrgänge der Einbildung, eine schon lange vor mir fliehende *Wahrheit erhascht zu haben*;

Oder, unterhalt ich mich, einsam und in mich selbst gesammelt, mit dem *Anschauen eines tugendhaften Charakters*; – ich seh ihn in Handlung gesetzt, in Versuchungen verwickelt, mit Schwierigkeiten umringt; – ich zittre für ihn; – und nun, in dem großen *Augenblicke der Entscheidung,* seh ich ihn *seiner würdig handeln,* und meine schüchterne Hoffnung durch die schönste der Taten überraschen;

Oder, *mein besseres Selbst* hat in diesem Augenblick *einen Sieg über das unedlere* erhalten; – ich habe eine eigennützige Bewegung unterdrückt, welche mich verhindern wollte etwas Gutes zu tun, da ich einen Wink dazu bekam; – oder eine übeltätige, welche mich aufwiegelte eine Beleidigung zu rächen, weil ich es, ohne Besorgnis mir selbst dadurch zu schaden, hätte tun können;

Oder, *ich habe dem süßen Zug der Menschlichkeit gefolget,* und mit sanfter mitleidiger Hand die Tränen des Unglücklichen abgewischt, die Freude ins bleiche Gesicht des Bekümmerten zurück gerufen:

In allen diesen, und in allen ähnlichen Fällen, fühle ich, in dem entscheidenden Augenblicke, diese göttliche Flamme sich mit einer unaussprechlichen geistigen Wollust durch mein ganzes Wesen ergießen, und den *sittlichen* Menschen mit dem *animalischen* wie in *Eins* zusammenschmelzen; – und ich sag und schwöre, dass keine andre Wollust so süß, so befriedigend, und – wenn ihr mir diesen Ausdruck gestatten wollt – so *vergötternd* ist als diese.

Ich habe, fährt er fort, auch unter Rosen gelegen, *o Motezuma!* Ich habe mich auch in den Düften des Rosenstrauchs, im säuerlich-süßen Nektar des Palmbaums, und in den süßern Küssen des Mädchens berauscht. – Hab ich nicht den Becher der Freude rein ausgetrunken, und den letzten Tropfen von meinem Nagel abgesogen? – Aber, ich behaupte dir und schwöre, dass die Wollust eine gute Tat zu tun – die größte aller Wollüste ist!

Sanft ruhe deine Asche, weiser und empfindungsvoller *Tlantlaquakapatli!* und Friede sei mit deinem Schatten, wo er auch irren mag! Wenn schon dein Name in keinem Gelehrtenregister prangt, und kein hohlaugiger Kommentator, in eine Wolke von Lampendampf (das Sinnbild seiner viel wissenden Dummheit) eingehüllt, *polyglottische* Noten mit schwerer Arbeit zu deinen Werken zusammengetragen hat: So soll dennoch – oder mein weissagender Genius müsste mich gänzlich betrügen – dein Gedächtnis noch dauern, wenn ich lange, wie du selbst, Staub bin, und von dem Menschenfreunde gesegnet werden, dessen klopfendes Herz dir die große Wahrheit beschwören hilft: dass die Wollust eine gute Tat zu tun die größte aller Wollüste ist.

Wenn der Urheber des Menschen (so beschließt mein Freund *Tlantlaquakapatli* seine Betrachtung) den Trieben, von welchen die Vermehrung unsrer Gattung die Folge ist, einen Teil dieser göttlichen Wollust, von welcher ich rede, eingesenkt hat: So kann ich nichts anders vermuten, als dass es *darum* geschehen sei, weil dieses Geschäft, wiewohl an sich selbst bloß animalisch, für das menschliche Geschlecht von solcher Wichtigkeit ist, dass er es in dieser Betrachtung würdig fand, die Menschen durch dieselbe Belohnung, die er mit den edelsten Handlungen verbunden hat, dazu einzuladen.

11.

Die Empfindungen des jungen Mexikaners waren so heftig, dass er sich an einen Baum, der Schlafenden gegenüber, lehnen musste, um nicht unter ihrer Gewalt einzusinken.

Die Freude, eine Gesellschaft zu finden, von welcher er sich mehr Vergnügen und Vorteil versprach als von seinen Papagaien,

Die Anmutung, welche ihm ihre Ähnlichkeit mit ihm einflößte,

Eine andere unbekannte Regung, die gerade aus dem Gegenteil entsprang,

Das Vergnügen an ihrem bloßen Anschauen, und die dunkle Ahnung, welche seine Brust mit noch süßern Erwartungen schwellte –

Alle diese Regungen, welche ihm so fremd und doch so natürlich, so angenehm und doch so unverständlich waren, – konnten, (wie *Tlantlaquakapatli* meint) wenn wir auch alles dasjenige, was die Umstände des Subjekts, der Zeit, des Ortes usw. dazu beitragen mochten, abziehen, nicht weniger als die angegebene Wirkung hervorbringen.

Es ist in der menschlichen Natur, dass wir uns das wirkliche Vorhandensein eines Gegenstandes, den uns die Augen bekannt gemacht haben, durch einen andern Sinn zu *beweisen* suchen, welcher (wie alle Ammen und Kinderwärterinnen zehentausendmal zu beobachten Gelegenheit haben) der *erste* ist, durch den wir *unser eigenes Dasein* fühlen, und der eben dadurch zum Werkzeug wird, womit wir, von der Natur selbst dazu angewiesen, die Wirklichkeit der Phänomene, die uns umgeben, auf die Probe setzen.

Nichts war demnach natürlicher als der Zweifel, der nach einer kleinen Weile in *Koxkoxen* aufstieg, »ob das, was er sah, auch wirklich sei?«

Ebenso natürlich war, dass er diesen Zweifel kaum empfand, als er sich schon der schlafenden Nymphe näherte, um sich durch den vorbesagten Sinn zu erkundigen, was er von der Sache zu glauben hätte.

Er streckte schon seine rechte Hand aus, – als ein abermaliger Schauder sein Blut aus allen Adern gegen die Brust zurück drückte; und – wie ein Pfeil, der unmittelbar am Ziele alle seine Kraft verloren hat – sank der nervenlose Arm zurück.

Er betrachtete das Mädchen von neuem: Und da sich mit jedem Augenblicke seine Furcht verlor, und die Begierde, sich ihrer *Körperlichkeit* zu versichern, zunahm; so streckte er noch einmal seine rechte Hand aus, bückte sich mit halbem Leib über sie hin, und legte, so sacht es ihm möglich war, die zitternde Hand auf ihre linke Hüfte.

Man müsste gar nichts von der menschlichen Natur verstehen, sagt der Mexikanische Philosoph, wenn man sich einbilden wollte, dass er es bei diesem ersten Versuch habe bewenden lassen können. Die Wichtigkeit der Wahrheit von der er sich versichern wollte, und das Vergnügen, welches mit der Untersuchung unmittelbar verbunden war, vereinigten sich miteinander, ihn zu vermögen das Experiment fortzusetzen.

Unvermerkt, und mehr durch einen mechanischen Instinkt als mit Vorsatz, schweifte die forschende Hand von dem Orte, den sie zuerst berührt hatte, zum sanft gebogenen Knie herab.

Was in diesen Augenblicken in ihm vorging, lässt sich nicht beschreiben. Die Wahrheit ist, dass er selbst unfähig gewesen wäre Rechenschaft davon zu geben. Denn (um den Leser nicht unnötig aufzuhalten) seine Augen fingen an trüb zu werden, und vor lauter Empfindung sank er ohne Empfindung neben die schöne *Kikequetzel* hin, so dass die Hälfte seines Gesichts ungefähr eine Spanne und anderthalb Daumen über ihrem besagten linken Knie aufzuliegen kam.

Das Mädchen erwachte in diesem nehmlichen Augenblicke.

Christoph Martin Wieland: *Koxkox und Kikequetzel. Eine Mexikanische Geschichte.* Nördlingen: Franz Greno, 1985. S. 20–31.

Die!

Die 1950 in Wiesbaden geborene Illustratorin Tatjana Hauptmann hat mit ihrer schier unerschöpflichen Erfindungsgabe und Phantasie schon viele Bücher in funkelnde, farbensprühende Meisterwerke verwandelt, darunter ein großes Märchenbuch, ein Balladenbuch sowie die Geschichten aus *Tausendundeine Nacht*. Aber auch Gedichte von Joachim Ringelnatz (1883–1934) hat sie zum Fliegen gebracht oder *Tom Sawyer* (1876) und *Huckleberry Finn* (1885) mit ihren Bildern neu interpretiert. Für kleine, große und erwachsene Kinder sind Illustrationen wie Türen, die in die Bücher führen. Sie öffnen Herzkammern und Mansardenstübchen im Kopf und wahren gleichzeitig die Geheimnisse, die erst durch die Lektüre entschlüsselt werden. Vermutlich würde kein Kind der Welt freiwillig ein Buch ohne Bilder zur Hand nehmen. Meine Enkeltochter entgegnet in solch einem Fall trocken: »Zu viele Worte!« Illustrationen legen eine Stimmung unter den Text, schütteln Gefühle so lange, bis sie hellwach sind. Bei Tatjana Hauptmann ist es ein unverwechselbar zärtlicher Ton, der ihr mit ihren Illustrationen gelingt. Diese ganz zärtliche Beziehung zu Büchern entstand in ihrer Kindheit.

Als Kind las ich Märchen und Indianergeschichten, »Onkel Toms Hütte« und »Der Kleine Prinz«, »Gullivers Reisen« und »Die Biene Maja«, die ich eigentlich nicht lesen wollte, die mir aber meine Mutter aufs Auge drückte. Ich bekam das Buch vor die Nase und ich las nicht. Aber ich las unter der Bettdecke einen Edgar Wallace, eine Schulfreundin hatte mir diesen heimlich zugeschmuggelt – wahrscheinlich eine Entwendung aus der elterlichen Bücherkiste. Aber ich wurde ertappt und abrupt aus der nebelfeuchten, spannenden Unterwelt Londons herausgerissen – von Papa, der das Taschenbuch mit einem Ratsch entzwei riss. Als Ersatz bekam ich Tolstoi. Also bekam die Schulfreundin den Tolstoi zurück, die runde Augen machte.

Wir, meine Schwester Nina und ich, hatten auch einige tschechische Kinderbücher, die wir wegen der sehr speziellen, farbenfrohen Illustrationen mochten. Aber keines der Bücher hatte so nachhaltigen Eindruck auf mich gemacht wie die Geschichte von Tartarin aus Tarascon von Alphonse Daudet. Das kam so: Unser Kinderzimmer klebte an das Schlafzimmer unserer Eltern und durch eine abgeschlossene, zum Bücherregal umfunktionierte Tür drang jegliche noch so leise geführte Unterhaltung, Gekicher und Getuschel – von beiden Seiten. Oft war das alte Holzradio mit Quietschtönen und Tigerauge an, Chopinkonzerte, Tschaikowsky.

Auch Lesungen fanden statt: Mein Vater las meiner Mutter vor, Weltliteratur versteht sich, auf Russisch oder Französisch. Eines Abends, ich war elf Jahre alt, fand wieder einmal eine Französischlesung statt, bei der meine Eltern lauthals lachten und kicherten, was ich für ungewöhnlich hielt. Das ging so zwei, drei Abende lang. Natürlich wollte ich wissen, was es so zu lachen gab, und meine Mutter erzählte mir lachend von Tartarin. Also wollte ich auch lachen und den Tartarin. Und weil ich kein Französisch konnte, brachte mir Papa ein paar Abende später ein Insel-Bändchen mit, Nr. 742. Ich bewunderte das Einbandpapier, die Ausstattung mit dem aufgeklebten Titelschildchen (bemerkte ich damals schon!), ich war hingerissen von den Illustrationen von George Grosz (keiner in meiner Klasse kannte George Grosz – aber ich, ha!), und ich war begeistert von Tartarins Geschichte.

Es war ein einziges, großes Rundumvergnügen, dieser Witz und die komische Figur des großen Helden Tartarin haben mich so begeistert, dass ich manche seiner Redewendungen in meinen eigenen Sprachgebrauch aufgenommen habe wie die »Die!« zum Beispiel. Aber wer waren die »Die!«? Tartarin wusste es selber nicht. »Die!« war alles, was angreift, kämpft, beißt, kratzt, skalpiert, heult und brüllt. Und so liegt also in einem meiner Lieblingskapitel der Held Tartarin nachts bis an die Zähne bewaffnet im friedlich schlafenden Tarascon im Hinterhalt auf der Lauer nach den »Die!«. Natürlich lauert er vergebens.

Bis heute sind die »Die« all jene, die Böses im Schilde führen. Inspiriert hat mich Tartarin auch für mein zweites »Wutz«-Buch – Eberhard Wutz ist Tartarin. Ein anderes Lieblingskapitel handelt von Tartarins Fes mit blauer Wolltroddel, wie diese bei der Überfahrt nach Tunis über dem Schiffsgeländer in sehr verschiedene Lagen geriet. Ich hätte die größte Lust, diese Szenen zu zeichnen – ach was – den ganzen Roman! Aber ich weiß nicht, ob ich es besser könnte als der große George Grosz! Das Insel-Bändchen besitze ich heute noch – mein kleiner Buchschatz – und meine Aquarellveredlung und Tuschflecken auf dem Umschlag erinnern mich daran, wie ich es in meiner Schultasche ständig mitschleppte.

Tatjana Hauptmann: »Die!«. In: *Lesehimmel – Texte bekannter Persönlichkeiten über erste eigene Leseerfahrungen.* Begleitband zur Ausstellung »Lesehimmel – Kinder- und Jugendbücher im Kloster Einsiedeln«. Einsiedeln: Kloster Einsiedeln, 2007. S. 21 f. – Mit freundlicher Genehmigung von Tatjana Hauptmann.

Flügel für die Phantasie

JOHANN WOLFGANG GOETHE

SIEGFRIED LENZ

INGVAR AMBJØRNSEN

HANS FALLADA

JOHANN WOLFGANG GOETHE

Dichtung und Wahrheit

In einer Textsammlung über das Lesen darf ein schon als Kind kritischer Leser nicht fehlen: Johann Wolfgang Goethe (1749–1832). Die Biographie des Weimarer Dichterfürsten ist unglaublich genau erforscht. Jeder Tag seines Lebens, Stunde für Stunde seines Tagesablaufs, wurde von der Wissenschaft unter die Lupe genommen. Auch er selbst hat in seinem zwischen 1808 und 1831 entstandenen Lebensbericht *Dichtung und Wahrheit* das Seine zu unseren intimen Kenntnissen seiner Lebensumstände beigetragen. Goethe stammte aus einer wohlhabenden und gebildeten Familie mit zahlreichen Bücherschränken, die dem Kind offenstanden. Auch durfte es sich Werke aus Büchereien ausleihen. Viele Bücher, die Goethe auf diese Weise zwischen die Finger bekam, tauchen in seinen Werken auf – denn für Goethe gilt, was auch auf jedes andere Kind zutrifft: Gerade Kindern prägen sich die Eindrücke aus ihren ersten Bilderbüchern besonders intensiv ein. Bei Goethe waren dies zum Beispiel Stiche aus der Kupferbibel Matthäus Merians (1593–1650), die ihm ein Leben lang im Gedächtnis bleiben sollten. Aber auch sonst erinnert sich Goethe an seine ersten Buchabenteuer offenkundig mit Freude.

Man hatte zu der Zeit noch keine Bibliotheken für Kinder veranstaltet. Die Alten hatten selbst noch kindliche Gesinnungen, und fanden es bequem, ihre eigene Bildung der Nachkommenschaft mitzuteilen. Außer dem »Orbis pictus« des Amos Comenius kam uns kein Buch dieser Art in die Hände; aber die große Foliobibel, mit Kupfern von Merian, ward häufig von uns durchblättert; Gottfrieds »Chronik«, mit Kupfern desselben Meisters, belehrte uns von den merkwürdigsten Fällen der Weltgeschichte; die »Acerra philologica« tat noch allerlei Fabeln, Mythologien und Seltsamkeiten hinzu; und da ich gar bald die Ovidischen »Verwandlungen« gewahr wurde, und besonders die ersten Bücher fleißig studierte: So war mein junges Gehirn schnell genug mit einer Masse von Bildern und Begebenheiten, von bedeutenden und wunderbaren Gestalten und Ereignissen angefüllt, und ich konnte niemals Langeweile haben, indem ich mich immerfort beschäftigte, diesen Erwerb zu verarbeiten, zu wiederholen, wieder hervorzubringen.

Einen frömmern sittlichern Effekt als jene mitunter rohen und gefährlichen Altertümlichkeiten machte Fénelons »Telemach«, den ich erst nur in der Neukirchischen Übersetzung kennen lernte, und der, auch so unvollkommen überliefert, eine gar süße und wohltätige Wirkung auf mein Gemüt äußerte. Dass »Robinson Crusoe« sich zeitig angeschlossen, liegt wohl in der Natur der Sache; dass die »Insel Felsenburg« nicht gefehlt habe, lässt sich denken. Lord Ansons »Reise um die Welt« verband das Würdige der Wahrheit mit dem Phantasiereichen des Märchens, und indem wir diesen trefflichen Seemann mit den Gedanken begleiteten, wurden wir weit in alle Welt hinausgeführt, und versuchten, ihm mit unsern Fingern auf dem Globus zu folgen. Nun sollte mir auch noch eine reichlichere Ernte bevorstehen, indem ich an eine Masse Schriften geriet, die zwar in ihrer gegenwärtigen Gestalt nicht vortrefflich genannt werden können, deren Inhalt jedoch uns manches Verdienst voriger Zeiten in einer unschuldigen Weise näher bringt.

Der Verlag oder vielmehr die Fabrik jener Bücher, welche in der folgenden Zeit unter dem Titel »Volksschriften«, »Volksbücher« bekannt und sogar berühmt geworden, war in Frankfurt selbst, und sie wurden, wegen des großen Abgangs, mit stehenden Lettern auf das schrecklichste Löschpapier fast unleserlich gedruckt. Wir Kinder hatten also das Glück, diese schätzbaren Überreste der Mittelzeit auf einem Tischchen vor der Haustüre eines Büchertrödlers täglich zu finden, und sie uns für ein paar Kreuzer zuzueignen. Der »Eulenspiegel«, »Die vier Haimonskinder«, »Die schöne Melusine«, »Der Kaiser Oktavian«, »Die schöne Magelone«, »Fortunatus«, mit der ganzen Sippschaft bis auf den »Ewigen Juden«, alles stand uns zu Diensten, sobald uns gelüstete, nach diesen Werken anstatt nach irgendeiner Näscherei zu greifen. Der größte Vorteil dabei war, dass, wenn wir ein solches Heft zerlesen oder sonst beschädigt hatten, es bald wieder angeschafft und aufs Neue verschlungen werden konnte.

Johann Wolfgang Goethe: *Dichtung und Wahrheit*. Hrsg. von Walter Hettche. Stuttgart: Reclam, 1991. S. 37 f.

Meine erste Lektüre

»Über Schreiben und Lesen«, davon handeln die 2006 erschienenen Essays von Siegfried Lenz (1926–2014). Mit dem programmatischen Titel *Selbstversetzung* nennt er hier als Bedingung für sein Schreiben die Fähigkeit oder den Versuch, »von sich abzusehen und die Identität in der Vorstellung zu wechseln«. Er war überzeugt davon, dass man dazu sich selbst, das eigene Gefühlswirrwarr sehr gut kennen müsse, um eine je andere Identität zum Vorschein zu bringen. Seine Heimat war das polnische Masuren, den weichen Ton der Sprache seiner Kindheit kann man in manchen Texten auch beim Lesen heraushören. Zuhause hat er sich offenbar auch in Dänemark, am Wasser, an der Ostsee gefühlt. Als Wohnort wählte er eine Villa im feinen Hamburger Stadtteil Othmarschen. In einer seiner Geschichten hat er die Straße und die Eigenheiten der Menschen, die hier wohnten, humorvoll auf die Schippe genommen, mit Augenzwinkern und sanftem Spott. Er erinnert sich darin, wie er einem Mädchen aus der Nachbarschaft eine Fabel über Eichhörnchen erzählen wollte. Doch das Kind unterbrach ihn, so erzählt er, höflich: »Es hört sich ganz possierlich an, aber Sie nehmen es mir hoffentlich nicht übel, wenn ich nicht bereit bin, Ihre Märchen zu glauben.« Lenz seufzte: »So können Kinder in meiner Straße sprechen.« Er hingegen hat sich als Kind eher bedingungslos und weniger vorgebildet auf die ersten großen Lektüreerlebnisse gestürzt, wie er in seinem Aufsatz über seine ersten Lektüreerlebnisse schreibt.

Thomas Mann war viel später, auch der merkwürdige Lenau, auch Klabund: selbst die Helden von Narvik waren später und Kapitänleutnant Prien und die Bezwinger des Forts Ebenemael – da war ich schließlich schon vierzehn; später waren sogar Dwinger und Ettighofer und ein schreibender Herr namens Zöberlein. Als ich zu lesen begann, war ich längst imprägniert, infiziert, und »beschrieben«, hatte meine Initiationsweihen schon hinter mir, das erste Großerlebnis als Leser, das mein Verhältnis zur Welt veränderte.

Ich war etwa zehn Jahre alt, ein argloser Schüler in einer entlegenen masurischen Kleinstadt, als es mich »traf«, als mir eine Literatur den Weg verlegte, die eigens für mich gemacht schien. Ich brauchte sie nicht zögernd zu wählen, da sie selbst mich gewählt hatte als ihren süchtigsten Leser, sie kam zu mir wie der Käfig zum Vogel und verurteilte mich zu einer Gefangenschaft, in der willenlose Hingabe durch ein gesteigertes Existenzgefühl belohnt wurde.

Klassenkameraden waren die Vermittler. Sie waren schon Eingeweihte. Sie gebrauchten die Sprache der Eingeweihten, die exklusive Anspielung, die verheißungsvolle Chiffre. Wenn sie ihre lappigen, zerfledderten Heftchen tauschten, ging es nur: Den mußte unbedingt; bei diesem bekommst du das Kribbeln; hier hörste nicht eher auf, bis. Als einer aus Versehen auch mir ein Tauschangebot machte, mußte ich Farbe erkennen: ich kannte nicht einen einzigen Titel. Mensch, bist du ne Nulpe. So einfach kommt man mitunter zur Literatur. Ich pumpte mir einige der fleckigen, von höchster Leseerregung zeugenden Heftchen – Tinte, Fett und Fingerschweiß auf jeder Seite –, begann, noch in der Religionsstunde, zu lesen und hatte auf einmal das Gefühl, gefunden zu haben, was ich unbewußt und beinahe schmerzhaft entbehrt hatte.

Es war mir damals erklärlicherweise gleichgültig, ob der Mensch durch Literatur gerettet oder preisgegeben werden soll, ich bedurfte weder einer Selbstauslegung noch einer Weltinterpretation, und von einer Anstiftung zum notorischen Zweifel wollte ich schon gar nichts wissen. Wonach ich suchte, war allein dies: Wege, zu entkommen, und Wege, die zu unerhörtem, zu aktionsreichem Ergebnis führten. Der Schule zu entkommen, der überschaubaren Häuslichkeit, der engen und längst erkundeten Kleinstadt, aber auch den ermüdenden Spielen mit den immer gleichen Freunden: erst die Literatur, der ich verfiel, zeigte mir, daß dies mein heftigster Wunsch gewesen war. Aber Entkommen allein genügte mir offenbar nicht. Lesend wurde ich außerdem gewahr, daß da etwas auf mich wartete, womit ich mein Vorhandensein rechtfertigen könne: gleich hinter dem Horizont gab es jede Menge Abenteuer und erlebnisreiche Aufgaben, da mußte gezüchtigt und überführt, befreit und gekämpft werden, die Ferne erst bot dem träumenden Weltpolizisten – finanziell unabhängig selbstverständlich – eine Gelegenheit zur Bewährung. Die freiwillige literarische Gefangenschaft sicherte einen Ausweg aus unzureichender Realität. Indem ich mich überwältigen ließ, wurde ich frei.

Ich las Rolf Torrings Abenteuer, Jörn Farows U-Boot-Abenteuer und die harten Western von Zane Grey. Ich las sie sitzend und stehend und im Schein der Taschenlampe unter der Bettdecke. Sobald mir ein unbekannter Titel in die Hände fiel, schlug ich in äußerster Erregung zuerst immer die letzte Seite auf: Sie leben doch wohl noch, meine Helden, ihnen wird doch wohl nichts zugestoßen sein? Erst nachdem ich diese dringende Sorge los war, machte ich mich erleichtert an die Lektüre, die noch jedesmal begleitet war von Hautjucken, beschleunigtem Atem und Augenflimmern. Als süchtiger Leser reagierte ich ordentlich, und das heißt körperlich: auf einmal kratzten mich meine Wollstrümpfe, der Schal zog selbst den Knoten fester, mein Lieblingsstuhl wurde zu einem Schlingerstand.

Welche Möglichkeiten! Welche Nachrichten! Offensichtlich war die Erde auch hinter Sybba und dem Sunowo-See bewohnt. Es gab augenscheinlich Städte, die Lyck – das sich doch selbst die Perle Masurens nannte – an Schönheit und Größe übertrafen. Es schien da Weideflächen zu geben, weitläufiger als ganz Masuren, Gewässer mit gezähnten Küsten, die den Lyck-See zum Spucknapf machten, geheimnisvolle Wälder von einem Ausmaß und einer betörenden Gefährlichkeit, die unseren Borek zum Stadtwald reduzierten, gut genug für wärmebedürftige Rentner. Vor allem aber lebten augenscheinlich etwas weiter hinter Sybba und dem Sunowo-See Menschen, die eine andere Hautfarbe hatten als wir Masuren, die tatsächlich andere Speisen aßen, anderen Beschäftigungen nachgingen, von anderen Tieren gebissen wurden, andere Laster hatten, und die einander auf andere Weise töteten. Wer von ihnen nicht gerade selbst in Gefahr war, der stellte eine Gefahr für andere dar: das reichte mir, dort wurde ich gebraucht.

Ich sah mich außerstande, Interesse für die Frage aufzubringen, ob man nicht, zu unser aller Heil, der beschreibenden Prosa den Gnadenstoß und der evozierenden den Vorzug geben sollte, denn ein purer Aktionismus verschlug mich und erzwang meine atemlose Teilnahme. Auf dem Weg kürzester Selbstversetzung schloß ich mich auch meinen Helden an und half ihnen, Geschichten zu überstehen – unbekümmert darum, ob Geschichten überhaupt noch glaub- und lebensfähig seien

und nicht vielleicht durch rechtschaffene Assoziationsketten abgelöst werden sollten.

Mit Rolf Torring und seinen Freunden – der beste hieß Hans Warren, der stärkste Pongo und war ein Schwarzer – löste ich die Geheimnisse indischer Grabmäler. Wir befreiten meist schon bewußtlose weiße Frauen aus der Gewalt unlauterer Maharadschas, aus den Zelten ewig nur teetrinkender Wüstenräuber, einmal sogar aus den Armen eines offenbar durchgedrehten Gorillas, der mit seinem Opfer durch Urwaldwipfel turnte. In Indochina schlugen wir wirksam Opiumhändlern aufs Haupt. Afrika sah uns als Erlöser unterm Tropenhelm, die den Kontinent endlich von Elfenbeinschmugglern reinigten. Und die Siedler an den dunklen Strömen Südamerikas feierten uns als Befreier von Gefahr und Ausbeutung.

Hatte ich vorübergehend genug von terranen Erlebnissen, so mischte ich mich unter die Besatzung von Jörn Farows U-Boot. (Ich glaube, er hatte sich nach dem Ersten Weltkrieg geweigert,

das ihm ans Herz gewachsene Boot als Reparationsgut abzulie-
fern, und war, um Geschichten in Fortsetzungen zu ermögli-
chen, in den Indischen Ozean entwichen.) Mit ihm lag ich in
leuchtenden Meeren auf Tauchstation, ließ mich von der Schönheit des Korallenriffs erregen, hinterließ kurzlebige Spuren an
besonders feinkörnigen Sandstränden – dies allerdings nur in
mühsam ertragenen Pausen. Die meiste Zeit befanden wir uns
im Alarmzustand: schließlich kam es darauf an, Schmuggler-
dschunken noch vor der chinesischen Küste abzufangen oder
englischen Zerstörern zu entkommen, die sich mit unserer Anwesenheit nicht abfinden wollten. Wir sägten uns aus der Um-
klammerung von Riesenkraken frei, ritten Taifune ab, retteten
sympathische und weniger sympathische Leute aus Seenot und
mußten jede freibeuterische List aufbieten, um zu Proviant und
Öl zu kommen.

Zu meinem Erstaunen war mein Rollenbedürfnis als Leser
damit keineswegs erschöpft, ich hielt noch nach anderen Möglichkeiten Ausschau, nach anderen Haltungen, Gesten, Sprech-
und Erlebnisweisen, und endlich kam ich auf Zane Grey und erhielt von ihm die Eintrittskarte in den Wilden Westen. Kaum
aufzuzählen, wieviel es hier für mich, für mein Pferd Blackie und
für meine strafenden Colts zu tun gab. Nachdem ich Bekanntschaft mit allen fabelhaften Burschen geschlossen hatte – mit
Duck Moore zum Beispiel, mit Wyatt Earp, Joe Sitter und Billy
the Kid –, hielt ich lakonisch Strafgericht über Viehdiebe, stiftete
Frieden unter Goldwäschern, redete Büffeljägern zu, ihren Beruf
zu wechseln, und ließ mir den Titel eines Texas Rangers ehrenhalber verleihen. Meist ritten wir nach einer exemplarischen Hil-
feleistung stumm und unerkannt weg. Gelegentlich stellten wir
uns erst vor, nachdem wir geschossen hatten. – Jedesmal aber
waren unsere Taten gerechtfertigt, in Indien ebenso wie in Afrika oder in den Tiefen der Südsee. Meine Helden und ich, wir lit-

ten nie unter der Krankheit des nagenden Zweifels. Wir handelten: basta!

Ich war süchtig nach Handlung, süchtig nach Ereignissen, so sehr, daß ich oft auch notwendige Naturschilderungen überschlug und unwillig weiterblätterte, sobald etwa Frauen auf die Veranda traten, um uns für alle Strapazen zu entschädigen. Verdrossen suchte ich dann nach dem erlösenden Wörtchen »plötzlich«, das neues Geschehen ankündigte. Die lilafarbenen Schatten Arizonas, die glimmende Dunkelheit indischer Dschungel, die phosphoreszierenden Spuren von Lebewesen in der tiefen See: sie galten mir nichts, lenkten mich nur ab, verzögerten jedenfalls den Augenblick, in dem sich mir die Welt offenbarte. Sie offenbarte sich ausschließlich in der Aktion.

Dieser Hunger nach Ereignissen bezeichnete mein Verhältnis zur Literatur. Das Geschehen mobilisierte meine Phantasie. Die Aktion lehrte mich intuitives Begreifen. Begriffe, die ich nicht verstand, ließ ich kurzerhand links liegen; sie erschlossen sich mir zumeist später durch Wiederholung oder durch Kombination. Ich wußte nicht, daß es ein wechselndes Literatur-Verständnis gibt und daß die Ambivalenz eine Chance der Literatur ist: das machte mich als Leser souverän. Ich schwankte nicht. Alles war eindeutig. Zustimmung und Widerspruch brauchten nicht überprüft zu werden. Ich besaß die Klarheit des Fiebernden.

Waren meine Heftchen, die lappigen, zerfledderten, waren meine seligmachenden Schmöker »gute« Literatur, »schlechte« Literatur, »Schund« am Ende? Ich habe diese Frage nie entschieden, möchte sie, da Nachsicht und Herablassung sich schon vordrängen, auch heute nicht entscheiden, obwohl eine sehr diskutable marxistische Literaturauslegung es mir leicht machte, das erste große Leseerlebnis meiner Jugend in Schutz zu nehmen. Gut ist das Buch, sagte der alte Georg Brandes, das mich entwickelt. Wie und in welcher Weise mich meine vielfleckigen Heftchen entwickelt haben, werde ich wohl kaum herausfinden, da Literatur – und zur Literatur zählt mehr, als einige unwirsche Hohepriester uns einreden wollen – eine grundsätzlich unterwandernde Wirkung hat. Soviel aber ist sicher: meine Heftchen halfen mir zu entkommen und weckten meine Leseleidenschaft.

1979

Siegfried Lenz: »Meine erste Lektüre«. In: S. L.: *Selbstversetzung. Über Schreiben und Leben*. Hamburg: Hoffmann und Campe, 2006. S. 31-35. – © 2006 Hoffmann und Campe Verlag, Hamburg.

INGVAR AMBJØRNSEN

Elling zum Thema: Die Bildungsinitiative

Der 1956 in Norwegen geborene Schriftsteller Ingvar Ambjørnsen gilt in seiner Heimat als Bestsellerautor und wird wie ein Popstar verehrt. In Deutschland ist er leider weniger bekannt. Doch eine seiner Figuren ist auch bei uns durch Theater und Film berühmt geworden: Elling. Fünf Bände hat Ambjørnsen bereits über den verschrobenen, etwas sonderbaren Mann geschrieben (den ersten 1993, den bisher letzten 2019), der seit dem Tod seiner Mutter nicht mehr allein mit dem Leben fertig wird und zur Bewältigung des Alltags Hilfe von sozialen Diensten braucht. Gleichwohl hat er in seiner unverblümten Art einen auf besondere Weise klaren Verstand. Er nimmt keine diplomatischen Rücksichten und ist ein Verehrer großer Literatur, die er einfach und unverstellt von jeglichem Bildungsdünkel als wichtig erachtet.

Meine Liebe zur Literatur ist seit vielen Jahren heiß und dauerhaft. Ja, ich kann mit gutem Gewissen behaupten, dass meine Flucht vor den kleinen und großen Plagen des Alltags

durch die Begegnung mit dem Literarischen mich nicht nur vor Zerstörung und Verfall gerettet, sondern mich zu einem Menschen mit einem gewissen Einblick in die Launen des Lebens gemacht hat. Durch den Roman bin ich ein ganzer Mensch geworden. Ich habe früher bereits erwähnt, welche Bedeutung Daniel Defoes »Robinson Crusoe« für mich hatte, wie die schlichte Hütte auf der einsamen Insel immer wieder als sinnvolle Alternative zu den alltäglichen Realitäten erschien, wenn diese zu anstrengend, zu bedrohlich und zu beängstigend wurden. Ich konnte tagsüber die Zähne zusammenbeißen, um mich dann abends, sowie ich mir die Bettdecke über den Kopf gezogen hatte, im dampfenden Dschungel gehenzulassen. Umherstreifen. Jagen. Auf seichtem Sandboden angeln. Den fernen Horizont mustern, um mich davon zu überzeugen, dass niemand kam, kein Segel, so weit das Auge reichte. Das Glück am Lagerfeuer und das Geschrei der Affen in der Dunkelheit. Und obwohl die Schulzeit oft schwer war, ja, tödlich, hatte ich doch immer das Fach Norwegisch, wo ich mich wiederfinden, wo ich sogar Genugtuung erleben konnte, ich schrieb gute Aufsätze, besaß, wie es sich herausstellte, ein gewisses sprachliches Geschick. Und in der achten Klasse, gerade zu der Zeit, als meine Quälgeister auf dem Schulhof ihre Messer wirklich zu Rasierklingen geschliffen hatten, bekamen wir einen neuen Norwegischlehrer, einen gewissen Gudmund Amundsen, allgemein Doppelmund genannt, wobei es nicht seine Beliebtheit war, die ihm diesen Spitznamen eingetragen hatte, sondern eher der Hass, den die anderen in der Klasse ihm entgegenbrachten. Nicht, weil er eine Hasenscharte hatte, sondern weil Amundsen in jenem Jahr die Literatur ins Klassenzimmer holte. Sie uns aufzwang, wie gesagt wurde. Ja, das stimmt. Er zwang uns dazu, Hamsuns »Hunger« zu lesen. Setzte diesen Roman ganz einfach auf die Pensumliste.

Ich habe ihn vom ersten Moment an geliebt, mit derselben Glut, mit der die anderen ihn hassten, diesen Mann mit dem entstellten Mund, der sie zwang, einen Roman von nicht weniger als hundertvierzig Seiten zu lesen, einen Roman, der nicht einmal ein einziges Foto oder eine einzige Zeichnung zur Entspannung bot. Ich verachtete sie. Und hielt die Luft an, während ich Hamsuns einsamer Hauptperson durch das alte Kristiania folgte, mit den Jackentaschen voller Bleistiftstummel und Zettel mit seltsamen Wörtern, und mit ebenso vielen Untergangsvorstellungen und aufrichtiger Verzweiflung im Kopf.

Denn diese Wirkung hat doch die Literatur auf diejenigen unter uns, die eine gewisse bilderschaffende Fähigkeit besitzen, und die besitze ich, das darf ich ja wohl sagen.

Da wir sie nach meiner Überzeugung im Grunde alle besitzen.

Nicht alle jedoch erleben, dass ihr Leseinteresse durch ein natürlich und ehrlich empfundenes Bedürfnis oder durch bücherliebende Eltern geweckt wird. So ist es nun einmal.

Und an dieser Stelle wird die Schule wichtig. Der enthusiastische und kenntnisreiche Lehrer.

Wie viele aus meiner Klasse konnten Amundsen im späteren Leben dafür danken, dass er sie mit sanftem Zwang in die Reihen der Lesenden führte? Das weiß ich natürlich nicht. Aber ich darf doch annehmen, dass vielleicht zwischen fünf, sechs oder gar zehn, zwölf eine radikale Veränderung in ihrem Leben erfuhren, ohne dass sie davon auch nur die geringste Ahnung hatten. Sie wurden zu Lesern. Doch, sie lasen auch Gebrauchsanweisungen und Zeitungen, Comics und Weihnachtshefte wie alle anderen. Aber darüber hinaus waren sie durch den verachteten Doppelmund zu Roman- und Novellenlesern geworden. Sie öffneten sich für die Welt, die Charles Dickens, Herman Melville, Aksel Sandemose und Cora Sandel für sie bereithielten. Und die hunderte von anderen Autoren, die ihr Leben prägen und vergolden sollten.

Tja. Das alles hat in der Schule angefangen.

Dann vergehen die Jahre, und eine Zeit wird zu einer anderen. Im Jahre 2006 wurde in den Schulen die sogenannte Bildungsinitiative eingeführt, in deren Rahmen ironischerweise die Liste von Autoren und Texten, die im Fach Norwegisch gelesen werden sollten, ersatzlos gestrichen wurde. Ja, so unglaublich das wirken mag. Raus mit Ibsen. Mir war das ehrlich gesagt gar nicht bewusst, ich habe aufgrund von Erinnerungen und Albträumen die bedauerliche Neigung, an Artikeln zum Thema Schule vorüberzublättern, wenn ich meine täglichen Zeitungen aufschlage. Aber dann fiel vor kurzem mein Blick auf eine Notiz, bei der es um unsere kommenden Norwegischlehrer geht, die sich also derzeit durch ihr Studium darauf vorbereiten, unser einziges wirkliches Kapital auszubilden, unsere Jugend, und das also durch die Lehre von der norwegischen Sprache, unser eigentliches Kommunikationsmittel, das Rückgrat unserer Identität. Ein Universitätsdozent hat an der Hochschule von Sør-Trøndelag bei den Lehramtsstudierenden eine Untersuchung durchgeführt, um die literarischen Kenntnisse und Erkenntnisse dieser Studierenden zu ermitteln, da selbige jetzt, aufgrund der Bildungsinitiative, vollkommen eigenständig auswählen dürfen, welche ihrer Vorlieben sie ins Klassenzimmer mitnehmen. Auf die direkte Frage, welche Bücher ihren literarischen Geschmack wiedergeben, wurden am häufigsten genannt die Harry-Potter-Bücher von J. K. Rowling und »Schneemann« von Jo Nesbø. Die Genres Krimi, Fantasy und leichte Unterhaltung prägen die gesamte Liste, und dieser dominierende Geschmack deckt sich mit den Bestsellerlisten. Die Untersuchung ergab zudem, dass 57 % der Studierenden zwei Titel von Nesbø nennen konnten, aber nur 5 % zwei Titel von Kielland.

Das muss man sich erst einmal vorstellen!

In diesem Zusammenhang rief die Zeitung bei Eldrid Lunden

an (eine norwegische Lyrikerin, Anm. Elling.). Sie unterrichtet seit vielen Jahren an der Schriftstellerakademie in Bø (an der ich mich seinerzeit beworben habe, allerdings wurde ich abgelehnt), und sie kann berichten, dass sie seit 2006 (als die Bildungsinitiative eingeführt wurde) immer häufiger Studierende haben, die viel weniger über die Klassiker wissen als frühere Jahrgänge. Viele hatten von norwegischen Autoren wie Jens Bjørneboe, Aksel Sandemose und Johan Borgen nicht einmal gehört.

Aber Schriftsteller wollen sie alle werden. Norwegische, wohlgemerkt.

Ja, ja. Weinen ist erlaubt und Lachen ist erlaubt, und ich werde dieses wundersame Jammertal voller Bäume und Insekten, voller Bienchengesumm und Vogelsang bald verlassen. Aber vorher will ich mit der Straßenbahn zur Zentralbücherei fahren und mir noch einmal »Die Vögel« von Tarjei Vesaas ausleihen. V-E-S-A-A-S. (kam aus Telemark).

Aber dieser Autor benutzt Wörter, die heute nicht allgemein üblich sind.

Du unter dreißig bist hiermit gewarnt.

Ingvar Ambjørnsen: »Elling zum Thema: Die Bildungsinitiative«. – Mit freundlicher Genehmigung von Ingvar Ambjørnsen und der Übersetzerin Gabriele Haefs.

Damals bei uns Daheim

Das Leben von Hans Fallada (1893–1947), der eigentlich Rudolf Ditzen hieß, war bereits in der Kindheit von heftigen Schicksalsschlägen gezeichnet. Er war ein eher ungeschickter Sonderling, der zu Depressionen neigte. Nach einem Unfall mit dem Fahrrad bekam er gegen seine starken Schmerzen schon als Heranwachsender Morphium, was offenbar zu einer lebenslangen Morphiumsucht führte. Als junger Mann wollte er mit einem Freund gemeinsam Selbstmord begehen. Bei dem Duell erschoss er den Freund und überlebte selbst schwergetroffen. Er geriet durch seine Drogenabhängigkeit in kriminelle Kreise und wurde wegen Beschaffungskriminalität inhaftiert. Später hat er sich seinen Eltern und Geschwistern gegenüber schuldig gefühlt durch das, was er ihnen mit seiner Lebensweise angetan zu haben meinte. Eine besonders glückliche Zeit in seinem Leben folgte, als er es durch den großen finanziellen Erfolg von *Kleiner Mann, was nun?* (1932) geschafft hatte, ein Anwesen in Mecklenburg zu kaufen. Dort, auf dem Land, lebte er ab 1933 mit seiner Familie an einem idyllischen See. Und hier schrieb er 1941 seine Kindheitserinnerungen *Damals bei uns Daheim*, in denen er heiter und humorvoll, die dunklen Seiten ausklammernd, von seinen Eltern, Geschwistern, Onkeln und Tanten und von seinen Büchern erzählt.

Es gibt Steckenpferde, die nur den Einzelnen befallen, es gibt aber auch Steckenpferde, von denen ganze Familien heimgesucht werden. In unserer Familie haben alle bevorzugt ein und dasselbe Steckenpferd geritten, das war die Leidenschaft für Bücher. Dies Steckenpferd ritten wir alle zur Vollendung. Vater wie Mutter, Schwestern und Brüder. Als wir noch sehr klein waren, hatten wir doch schon ein Bücherbrett für unsere Bilderbücher, und dies Brett wuchs mit uns, es wurde zum Regal, dann holte es uns ein und wuchs uns über den Kopf. So sparsam Vater auch war, ein gutes Buch zu kaufen, reute ihn nie; ein Buch zu verschenken, freute ihn ebenso wie den Beschenkten.

Da Vater auf Ordnung hielt, wurde es in unserm Hause nie so schlimm wie bei einem Manne, den ich in späteren Jahren kennen lernte und der ein wahrer Büchernarr war. Ihn freute es schon, Bücher zu besitzen, er musste sie nicht etwa auch lesen. Er füllte sein ganzes, nicht ungeräumiges Haus mit Büchern, für die Menschen war keine bleibende Stätte mehr darin. Die Bücher breiteten sich über das ganze Haus aus wie die Wasserpest in einem Teich.

Seine Frau focht manchen wackeren Streit mit dem Narren, aber sie unterlag immer. Die Bücher verdrängten sie aus Kleider- und Wäscheschränken, sie lagen unter den Betten und auf allen Tischen, sie häuften sich auf den Teppichen, sie besetzten jeden Stuhl. Die Frau brauchte nur einmal einkaufen zu gehen, so hatten die Bücher schon wieder eine Position erobert.

Als sie einmal bei ihrer Heimkehr auch die Speisekammer von Büchern besetzt und erste Vortrupps schon in den Küchenschrank eingedrungen sah, gab sie den Kampf auf und verließ das Haus. Ich weiß nicht, ob ihr Mann dies schon gemerkt hat, er besaß die seltene Fähigkeit, nur von Brot und Äpfeln zu leben. Ich denke ihn mir gerne, wie er allmählich von seinen Büchern begraben wird. In tausend Jahren wird man ihn vielleicht platt gedrückt, aber wohl mumifiziert unter einem Berg von Broschüren finden, die immer noch darauf warten, von ihm gelesen zu werden.

Von solchen Ausartungen eines an sich löblichen Steckenpferdes konnte in unserer Familie nicht die Rede sein. Bei uns wurden Bücher nicht nur gesammelt, sondern auch gelesen. Um sie zu diesem Zweck jederzeit auffinden zu können, mussten sie in Reihen übersichtlich aufgestellt werden. Schon Doppelreihen waren verpönt, so sehr auch Platzmangel wie Tiefe mancher Regale dazu verlocken mochte. Das Auge musste alle Schätze stets vor sich haben, es genügte nicht, sie im Dunkel hinter einer andern Bücherreihe vegetierend zu wissen. Auch Bücher hinter Glas oder gar hinter Schranktüren durften nicht sein, ein Buch wollte nicht gesucht werden, es musste für die Hand bereitstehen. Alle diese Leitsätze der Bücheraufstellung waren vom Vater praktisch erprobt, er konnte auch sehr fließend darüber sprechen, wie Bücher zu ordnen seien …

Infolge dieser etwas weitläufigen Aufstellung breiteten sich auch bei uns die Bücher allmählich über die ganze Wohnung aus, es gab in jedem Zimmer welche, und mein Auge hat sich von Kind auf so daran gewöhnt, dass mir noch heute ein Zimmer ohne Bücher nicht so sehr nackt wie vielmehr unbekleidet vorkommt. Vater besaß – sein juristisches Rüstzeug nicht gerechnet, das auch beträchtlich war – etwa dreitausend Bände, Itzenplitz reichte an die tausend, Fiete, die das Steckenpferd am wenigsten leidenschaftlich ritt, etwa vierhundert, ich, obwohl drei Jahre jünger, etwa ebenso viel, und der kleine Ede auch schon über zweihundert Bände. Da also etwa fünftausend Bände in unserer Berliner Wohnung versammelt waren, so konnte es vorkommen, dass trotz aller Ordnung manchmal das eine oder andere grade begehrte Buch nicht sofort gefunden wurde. Man beruhigte sich dann im Allgemeinen damit, dass irgendein anderes Familienmitglied das Buch wohl grade lese, und fand es denn auch nach kürzerer oder längerer Zeit wieder an seinem Platze vor.

Zu einem gewissen Zeitpunkt unseres Berliner Aufenthaltes aber nahmen diese Fehlstellen in unser aller Regalen einen derartigen Umfang an, dass die Bücherreihen wie durch Zahnlückigkeit entstellt aussahen. Jedes wunderte sich, fragte bei den andern herum und fand doch keinen Leser der fehlenden Bände. In einem abendlichen Kolloquium mit dem Vater wurde unzweifelhaft festgestellt, dass Bücher regelmäßig verschwanden und ebenso regelmäßig wieder heimkehrten, ohne dass über den Ort, wo sie sich während ihrer Abwesenheit aufhielten, das Geringste festzustellen war.

Unsere beiden Hausgeister zu verdächtigen, lag nicht der geringste Anlass vor, denn einmal waren sie schon lange Jahre bei uns, während die Bücherreisen erst seit kurzer Zeit in größerem Umfang stattfanden. Zum andern aber waren Minna und Charlotte Büchern ausgesprochen abgeneigt, schon weil sie beim Reinmachen unendliche Mehrarbeit verursachten. Unsere sämtlichen Freunde und Freundinnen wurden ohne Unterschied von Alter und Konfession unter die schärfste Kontrolle gestellt, aber ohne jedes Ergebnis: Die Bücher entflogen und kehrten heim in ihren Schlag wie die Tauben. Wo am Abend noch eine lückenlose Reihe gestanden hatte, gab es am Morgen Mankos; je mehr wir aufpassten, umso weniger fanden wir, umso rätselvoller wurde die Geschichte. Fast hätten wir schon an Geister geglaubt. Gewisse Vorlieben waren feststellbar, zum Beispiel, dass der geheime Leser Romane bevorzugte, Geschichtliches nur selten nahm, Klassiker aber nie … Doch führte das alles nicht weiter, sondern verwirrte uns eigentlich nur noch mehr …

Wir waren alle, Vater und Mutter eingerechnet, schon in heftige Erregung geraten. Die Frühmeldungen von den Bücherregalen beschäftigten uns am Frühstückstisch. Beim Mittagessen ergingen wir uns in den ausschweifendsten Vermutungen, und das Abendessen verdarb die Befürchtung vor dem, was morgen fehlen würde. Es war eine wirklich erregende Zeit, geheimnisvoll wie kein Kriminalroman, und die Schularbeiten litten darunter. Vater sah ein, dass ein Ende gemacht werden musste, er hätte nur auch gerne gewusst, wie –?

Da fand zu guter Stunde Itzenplitz, die unbestrittene Rekordleserin der Familie, in Gustav Freytags Ahnen, dritter Band: Die Brüder vom deutschen Hause, einen Zettel dieses Inhalts:

Werte Frau Brüning!
Dies ist mir zu fromm! Das nächste Mal lieber
wieder was mit Liebe, am liebsten französisch.
Ihre Anna Bemeyer

Itzenplitz trug den Zettel eiligst zum Vater. Wer Anna Bemeyer war, war uns allen völlig unbewusst. Frau Brüning aber kannten wir, wenn wir sie auch nur selten sahen, denn sie war unsere Frühaufwartung, die von halb sechs bis halb acht Uhr der Charlotte beim Reinmachen half.

Vater strich den Zettel mit gerunzelter Stirn glatt und sagte: »Na schön, Itzenplitz, wir werden ja sehen … Sprich aber noch mit niemandem davon!«

Worauf Itzenplitz stracks zu uns enteilte und uns von dem Zettel berichtete.

Es ist wohl unnötig zu sagen, dass wir Kinder am nächsten Morgen alle um halb sechs Uhr nicht nur wach, sondern auch schon in den Kleidern waren. Wir wagten uns aber nicht so recht aus unsern Stuben, spähten nur durch die Türritzen und sahen die statiöse Frau Brüning mit Teppichroller und Bohnerbesen in Vaters Arbeitszimmer verschwinden. Sie trug ein graues Tuch über den Haaren.

Die nächste Bewegung auf dem Kriegsschauplatz war das Auftauchen von Mutter, fünfviertel Stunden vor ihrer gewohnten Zeit, ein Zeichen, dass heute früh die Schlacht wirklich geschlagen werden sollte. Zu unserer Enttäuschung ging sie aber nicht in das Arbeitszimmer, sondern verschwand in der Küchenregion. Ede und ich berieten eifrig, ob es tunlich sei, jetzt noch in Vaters Zimmer Horchposten zu beziehen, es erschien aber untunlich.

Kurz vor sechs Uhr erschien dann Vater, völlig angekleidet, vier Stunden vor seiner gewohnten Zeit. Wir hielten den Atem an und beobachteten ihn, wie er vor dem Spiegel auf dem Flur Halt machte, an seiner Krawatte rückte, dann leise hüstelte und mit zögerndem Schritt zu seinem Arbeitszimmer ging. Die Tür schloss sich hinter ihm.

Wir warteten zwei, vielleicht sogar fünf Minuten. Dann hielten wir es nicht länger aus, sondern schlichen an Vaters Tür. Hierbei begegneten wir den Schwestern, die sich von der andern Seite in gleicher Absicht heranpirschten. Vier Ohren legten sich an die Tür. Aber, ach! sie war, wie wir wohl wussten, im Interesse von Vaters Arbeitsruhe gepolstert, kein Laut drang zu uns. Doch verharrten wir immerhin so lange an dieser Tür, um von Mutter überrascht zu werden. Mit leisen Worten verwies sie uns das Schmähliche unseres Tuns und schickte uns in unsere Zimmer zurück. Wir sahen sie gerade noch in Vaters Zimmer eintreten, und erst jetzt fiel uns auf, dass sie einen Stoß Bücher unter dem Arm trug.

Lange, lange Zeit verging. Für Kinder ist Warten immer etwas Schreckliches. Was nicht sofort geschieht, geschieht nie, und nun gar Warten in einem solchen Moment, nachdem wir schon Wochen auf die Lösung des Rätsels gewartet hatten! Charlotte erschien und erkundigte sich etwas pikiert nach dem Verbleib Frau Brünings. Wie sie ihre Arbeit schaffen solle?

Wir waren froh, ein Opfer gefunden zu haben, deuteten geheimnisvoll vieles an, das wir nicht wussten, und hatten die

Freude, Charlotte völlig verwirrt an ihre Arbeit zurückkehren zu sehen.

Dann endlich, kurz nach halb sieben, öffnete sich die Tür von Vaters Arbeitszimmer! In ihr erschien zuerst Frau Brüning. Das graue Kopftuch hatte seinen Sitz im Haar verlassen und wurde jetzt vor das Gesicht gehalten. Trotzdem sah und vor allem hörte man, dass seine Besitzerin heulte. Dann erschien Vater. Er sagte ernst: »Also heute noch, Frau Brüning! Unbedingt heute noch!«

Stärker schluchzend öffnete Frau Brüning sich die Vordertür und ging die Herrschaftstreppe hinab. Die Tür hinter ihr blieb offen. Wir waren entsetzt über diese Verletzung der Hausordnung! Wenn der Portier Markuleit sie auf der Vordertreppe ertappte, würde sie einiges zu hören bekommen! Denn die Lieblingsbeschäftigung Markuleits, die er mit vielen Kollegen damals teilte, war es, seiner Ansicht nach unwürdige Personen von der Herrschaftstreppe herunterzujagen und die Lieferantentreppe hinaufzuschicken!

Vater stand einen Augenblick auf dem Flur, stampfte mit dem Fuß auf und rief: »Teufel! Teufel!« Dann ging er zur Vordertür und schloss sie. (Wir verschlangen ihn mit unsern Augen.) Nun wandte sich Vater wieder seinem Arbeitszimmer zu. Er war schon fast darin verschwunden, da drehte er sich noch einmal um und rief ganz heiter: »Na, kommt nur hervor, ihr Strabanter! Glaubt ihr, ich hätte eure Schöpfe und eure Augen nicht gesehen?!«

Wir brachen in Lachen aus. Wir begriffen sofort, dass Vater uns eben mit seinem »Teufel! Teufel!« eine kleine Komödie vorgespielt hatte. Zugleich aber begriffen wir auch, dass Frau Brünings Verbrechen nicht so schwer sein konnte, wie nach ihrem starken Weinen zu schließen gewesen war. Und so war es auch wirklich. Frau Brüning, die selbst gerne Bücher las, hatte damit begonnen, sich einiges für ihren Privatbedarf ohne unser Vorwissen zu entleihen. Dies sparte ihr auch Geld, denn nun konnte sie ihr Abonnement in der Leihbibliothek abbestellen. Allmählich ging sie dazu über, auch ihre Freundschaft und Bekanntschaft mit Büchern zu versorgen. Der Kreis ihrer Leser breitete sich aus, das Besorgen der Bücher machte eine gewisse Arbeit, was war natürlicher, als dass Frau Brüning sich diese Arbeit bezahlen ließ –?!

»Ja«, sagte Vater lächelnd. »Es ist nicht zu leugnen, dass Frau Brüning eine gewisse, wenn auch irregeleitete Geschäftstüchtigkeit besitzt. Sie selbst hat mir zwar versichert, dass sie in der Woche nicht mehr als eine Mark eingenommen hat. Da sie aber allein heute neun Bände zurückbrachte und da sie, ihrer eigenen Angabe nach, fünf Pfennige Leihgebühr pro Band erhob, sie wird aber, wie ich vermute, einen Groschen genommen haben, so hat sie wohl drei bis fünf Mark in der Woche mit unsern Büchern verdient!«

»Das Geld muss sie aber an uns abliefern, Vater!«, rief Ede, und ich war seiner Ansicht.

»Nein, danke, mein Sohn!«, sagte Vater kurz. »Ich bin froh, wenn sie heute noch die fehlenden Bücher bringt, womit ihre

Tätigkeit in unserm Hause beendigt ist.« Vater sah zu Mutter hinüber. »Ich fürchte, Louise, du verlierst eine tüchtige Kraft.«

»Zu tüchtig!«, lächelte Mutter. »Ich finde schon jemand anders. Und jetzt werde ich einen Besen ergreifen, sonst schafft Charlotte ihre Arbeit nicht.«

»Der eine Gedanke aber tröstet mich«, sagte Vater nachdenklich. »All diese Leser haben aus unserer Leihbibliothek nicht ein schlechtes Buch bekommen. Damit stehen wir hoch über der ganzen Konkurrenz. Denn was da jene Bemeyer von französischen Büchern schreibt, so leugne ich nicht, den Dumas mit seinen drei Musketieren zu besitzen, auch einigen Maupassant, doch halte ich diese Bücher nicht für verderblich. – Unsere Mutter aber bitten wir«, schloss der Vater, »bei der nächsten Aufwartung auf das ganz Unliterarische zu sehen. Lieber noch das tollste Berlinisch, aber keine illegitimen Bücherentleihungen mehr!«

Hans Fallada: *Damals bei uns Daheim. Erlebtes, Erfahrenes, Erfundenes.* Stuttgart/Berlin: Rowohlt, 1963. S. 203–208.

Nahrung fürs Gehirn

ALFRED ANDERSCH

E.T.A. HOFFMANN

HFINRICH HEINE

Sansibar oder der letzte Grund

In meinem Bücherregal zu Hause steht eine kleine Bronzestatue: der »Lesende Klosterschüler«, gestaltet nach einer Figur des deutschen Bildhauers Ernst Barlach (1870–1938). Barlach schuf die Originalfigur 1930, die heute in Mecklenburg-Vorpommern in der Güstrower Gertrudenkapelle steht. Sie spielt eine wesentliche Rolle in dem politischen Roman *Sansibar oder der letzte Grund* (1957) des deutschen Schriftstellers Alfred Andersch (1914–1980), mit dem dieser einen wichtigen literarischen Beitrag zur deutschen Vergangenheitsbewältigung leistete. In dem Roman verunglimpfen Nationalsozialisten die Plastik als entartete Kunst, weswegen die Helden der Geschichte versuchen, die bedrohte Skulptur nach Schweden zu retten. So vertieft lesen zu können wie dieser Mönch – das erschien mir immer als besonders erstrebenswert, genauso wie Andersch es auch Gregor in seinem Roman empfinden lässt.

Dann wurde er sich der Anwesenheit der Figur bewusst. Sie saß, klein, auf einem niedrigen Sockel aus Metall, zu Füßen des Pfeilers schräg gegenüber. Sie war aus Holz geschnitzt, das nicht hell und nicht dunkel war, sondern einfach braun. Gregor näherte sich ihr. Die Figur stellte einen jungen Mann dar, der in einem Buch las, das auf seinen Knien lag. Der junge Mann trug ein langes Gewand, ein Mönchsgewand, nein, ein Gewand, das noch einfacher war als das eines Mönchs: einen langen Kittel. Unter dem Kittel kamen seine nackten Füße hervor. Seine beiden Arme hingen herab. Auch seine Haare hingen herab, glatt, zu beiden Seiten der Stirn, die Ohren und die Schläfen verdeckend. Seine Augenbrauen mündeten wie Blätter in den Stamm der geraden Nase, die einen tiefen Schatten auf seine rechte Gesichtshälfte warf. Sein Mund war nicht zu klein und nicht zu groß; er war genau richtig, und ohne Anstrengung geschlossen. Auch die Augen schienen auf den ersten Blick geschlossen, aber sie waren es nicht, der junge Mann schlief nicht, er hatte nur die Angewohnheit, die Augendeckel fast zu schließen, während er las. Die Spalten, die seine sehr großen Augendeckel gerade noch frei ließen, waren geschwungen, zwei großzügige und ernste Kurven, in den Augenwinkeln so unmerklich gekrümmt, dass auch Witz in ihnen nistete. Sein Gesicht war ein fast reines Oval, in ein Kinn ausmündend, das fein, aber nicht schwach, sondern gelassen den Mund trug. Sein Körper unter dem Kittel musste mager sein, mager und zart; er durfte offenbar den jungen Mann beim Lesen nicht stören.

Das sind ja wir, dachte Gregor. Er beugte sich herab zu dem jungen Mann, der, kaum einen halben Meter groß, auf seinem niedrigen Sockel saß, und sah ihm ins Gesicht. Genauso sind wir in der Lenin-Akademie gesessen und genauso haben wir gelesen, gelesen, gelesen. Vielleicht haben wir die Arme dabei aufgestützt, vielleicht haben wir Papirossi dabei geraucht – obwohl es nicht erwünscht war –, vielleicht haben wir manchmal aufgeblickt, – aber wir haben den Glockenturm Iwan Weliki vor dem Fenster nicht gesehen, ich schwöre es, dachte Gregor, so versunken waren wir. So versunken wie er. Er ist wir. Wie alt ist er? So alt wie wir waren, als wir genauso lasen. Achtzehn, höchstens achtzehn. Gregor bückte sich tiefer, um dem jungen Mann gänzlich ins Gesicht sehen zu können. Er trägt unser Gesicht, dachte er, das Gesicht unserer Jugend, das Gesicht der Jugend, die ausgewählt ist, die Texte zu lesen, auf die es ankommt. Aber dann bemerkte er auf einmal, dass der junge Mann ganz anders war. Er war gar nicht versunken. Er war nicht einmal an die Lektüre hingegeben. Was tat er eigentlich? Er las ganz einfach. Er las aufmerksam. Er las genau. Er las sogar in höchster Konzentration. Aber er las kritisch. Er sah aus, als wisse er in jedem Moment, was er da lese. Seine Arme hingen herab, aber sie schienen bereit, jeden Augenblick einen Finger auf den Text zu führen, der zeigen würde: Das ist nicht wahr. Das glaube ich nicht. Er ist anders, dachte Gregor, er ist ganz anders. Er ist leichter, als wir waren, vogelgleicher. Er sieht aus wie einer, der jederzeit das Buch zuklappen kann und aufstehen, um etwas ganz anderes zu tun.

Liest er denn nicht einen seiner heiligen Texte, dachte Gregor. Ist er denn nicht wie ein junger Mönch? Kann man das: ein junger Mönch sein und sich nicht von den Texten überwältigen lassen? Die Kutte nehmen und trotzdem frei bleiben? Nach den Regeln leben, ohne den Geist zu binden?

Gregor richtete sich auf. Er war verwirrt. Er beobachtete den jungen Mann, der weiterlas, als sei nichts geschehen. Es war aber etwas geschehen, dachte Gregor. Ich habe einen gesehen, der ohne Auftrag lebt. Einen, der lesen kann und dennoch aufstehen und fortgehen. Er blickte mit einer Art von Neid auf die Figur.

Alfred Andersch: *Sansibar oder der letzte Grund*. Roman. Zürich: Diogenes, 1970. S. 39 f. – © 1970, 2006 Diogenes Verlag AG, Zürich.

Der Elementargeist

Schriftstellerinnen und Schriftsteller lassen sich in viele Schubladen stecken. Man kann sie nach Epochen, Gattungen, Sprachen, Stilen oder Themen sortieren. Man könnte sie aber auch nach der Wahl ihrer Schaffenszeiten einteilen. Es gibt solche, die mit Vorliebe in den frühen Morgenstunden geschrieben haben, wie zum Beispiel Immanuel Kant (1724–1804) oder Arno Schmidt (1914–1979), oft schon ab 3 oder 4 Uhr morgens; andere haben zu üblichen Bürozeiten gearbeitet wie etwa Thomas Mann (1875–1955). Und es gibt Dichter, die nachts ihre produktivste Schaffensphase gehabt haben. (Ähnliches trifft möglicherweise übrigens auch auf das Publikum zu – manche Menschen lesen Bücher nur nachts, andere lesen lieber während der hellen Stunden am Tag.) Dabei fällt auf, dass gerade die Werke der Nachtarbeiter oft bevölkert sind von finsteren Mächten, Gespenstern und bizarren Figuren. Sind Morgenschreiber also klarer, realistischer? Vielleicht.

Ein Vertreter der Romantik, Ernst Theodor Amadeus Hoffmann (1776–1822), war mit seinen Gespenstergeschichten und Erzählungen von überirdischen Mächten aus dem Reich zwischen Traum und Wirklichkeit auf jeden Fall ein typischer Nachtschreiber. In einer seiner Erzählungen lädt Hoffmann in die sowohl verwirrende als auch begeisternde Erlebniswelt seiner eigenen Lektüre ein. Er lustwandelt, gruselt sich, lässt sich aufrütteln, erschrecken und in Staunen versetzen. In *Der Elementargeist* (1821) beschreibt er, wie das Gelesene seine Phantasie anfeuert. Auseinandersetzung mit Büchern kann auch ein Kampf mit Dämonen sein.

Meine erste Erziehung in meines Vaters Hause kann ich nicht eben schlecht nennen. Ich hatte eigentlich gar keine; man überließ mich meinen Neigungen, und gerade diese schienen nichts weniger darzutun, als meinen Beruf zu den Waffen. Offenbar fühlte ich mich zu wissenschaftlicher Bildung hingezogen, die mir der alte Magister, der mein Hofmeister sein sollte, und der froh war, wenn man ihn nur in Ruhe ließ, nicht geben konnte. Erst in P. gewann ich mit Leichtigkeit Kenntnis neuerer Sprachen, sowie ich die dem Offizier nötigen Studien mit Eifer trieb und Erfolg. Außerdem las ich mit einer Art von Wut alles, was mir in die Hände kam, ohne Auswahl, ohne Rücksicht auf Nützlichkeit; indessen erhielt ich doch, da mein Gedächtnis vortrefflich, eine Menge historischer Kenntnisse, selbst wusste ich nicht wie. – Man hat mir später die Ehre angetan, zu behaupten, es säße ein poetischer Geist in mir, den ich nur selbst nicht recht anerkennen wolle; gewiss ist es aber, dass mich die Meisterwerke der großen Dichter jener Periode in einen Zustand der Begeisterung versetzten, von dem ich keine Ahnung gehabt; ich erschien mir selbst als ein anderes Wesen, das nur erst sich entwickelt zum regen Leben. – Ich will nur ›Werthers Leiden‹, vorzüglich aber Schillers ›Räuber‹ nennen. Einen ganz andern Schwung aber gab meiner Phantasie ein Buch, das gerade deshalb, weil es nicht vollendet ist, dem Geist einen Stoß gibt, so dass er rastlos fortarbeiten muss in ewigen Pendulschwingungen. – Ich meine Schillers ›Geisterseher‹. Mag es sein, dass der Hang zum Mystischen, zum Wunderbaren, der überhaupt tief in der menschlichen Natur begründet ist, stärker bei mir vorwaltete; genug, als ich jenes Buch gelesen, das die Beschwörungsformeln der mächtigsten schwarzen Kunst selbst zu enthalten scheint, hatte sich mir ein magisches Reich voll überirdischer oder besser unterirdischer Wunder erschlossen, in dem ich wandelte und mich verirrte, wie ein Träumer. Einmal in diese Stimmung geraten, verschlang ich mit Begierde alles, was nur zu jener Stimmung sich hinneigte, und selbst Werke von weit geringerem Gehalt verfehlten keineswegs ihre Wirkung.

Ernst Theodor Amadeus Hoffmann: *Der Elementargeist.* In: E. T. A. H.: *Poetische Werke in sechs Bänden.* Bd. 6. Berlin: Aufbau, 1963. S. 406 f.

Einleitung zum
»Don Quixote«

Der erste Teil des Romans *Don Quixote von la Mancha* des spanischen Nationaldichters Miguel de Cervantes (1547–1616) erschien 1605 in Madrid; 1615 folgte der zweite Teil. Erst knapp 200 Jahre später, und zwar in der Zeit von 1799 bis 1801, kam er in der deutschen Übersetzung von Ludwig Tieck (1773–1853) heraus. Der Roman wird in den Lebenserinnerungen etlicher großer Persönlichkeiten als eine prägende, wichtige Lektüre erwähnt – so auch bei Heinrich Heine (1797–1856). Der deutsche Dichter verfasste ein Nachwort zu dem »Ritter von der traurigen Gestalt«, in dem er durch seine Einordnung und das tiefe Hintergrundwissen nicht nur kundig einen wunderbaren Einstieg in den Roman ermöglicht, sondern auch einzufangen versteht, warum er die Lektüre als so faszinierend erlebt. Er baut das Werk fest in seine eigene Biographie ein – und das, liebe Freundinnen und Freunde des guten Buches, ist das innerste Wesen des Lesens: Bereicherung und Steigerung der eigenen Erlebnisfähigkeit.

»Leben und Taten des scharfsinnigen Junkers Don Quixote von der Mancha, beschrieben von Miguel Cervantes de Saavedra, war das erste Buch, das ich gelesen habe, nachdem ich

schon in ein verständiges Kindesalter getreten und des Buchsta-
benwesens einigermaßen kundig war. Ich erinnere mich noch
ganz genau jener kleinen Zeit, wo ich mich eines frühen Morgens
von zu Hause wegstahl und nach dem Hofgarten eilte, um dort
ungestört den ›Don Quixote‹ zu lesen. Es war ein schöner Mai-
tag, lauschend im stillen Morgenlichte lag der blühende Frühling
und ließ sich loben von der Nachtigall, seiner süßen Schmeichle-
rin, und diese sang ihr Loblied so karessierend weich, so schmel-
zend enthusiastisch, dass die verschämtesten Knospen aufspran-
gen und die lüsternen Gräser und die duftigen Sonnenstrahlen
sich hastiger küssten und Bäume und Blumen schauerten vor eitel Entzücken. Ich aber setzte mich auf eine alte moosige Stein-
bank in der sogenannten Seufzerallee, unfern des Wasserfalls,
und ergötzte mein kleines Herz an den großen Abenteuern des
kühnen Ritters. In meiner kindischen Ehrlichkeit nahm ich alles
für baren Ernst; so lächerlich auch dem armen Helden von dem
Geschicke mitgespielt wurde, so meinte ich doch, das müsse so
sein, das gehöre nun mal zum Heldentum, das Ausgelachtwer-
den ebenso gut wie die Wunden des Leibes, und jenes verdross
mich ebenso sehr, wie ich diese in meiner Seele mitfühlte. – Ich
war ein Kind und kannte nicht die Ironie, die Gott in die Welt
hineingeschaffen und die der große Dichter in seiner gedruckten
Kleinwelt nachgeahmt hatte, und ich konnte die bittersten Tränen vergießen, wenn der edle Ritter für all seinen Edelmut nur
Undank und Prügel genoss. Da ich, noch ungeübt im Lesen, jedes
Wort laut aussprach, so konnten Vögel und Bäume, Bach und
Blume alles mit anhören, und da solche unschuldige Naturwe-
sen, ebenso wie die Kinder, von der Weltironie nichts wissen, so
hielten sie gleichfalls alles für baren Ernst und weinten mit mir
über die Leiden des armen Ritters; sogar eine alte ausgediente
Eiche schluchzte, und der Wasserfall schüttelte heftiger seinen
weißen Bart und schien zu schelten auf die Schlechtigkeit der

Welt. Wir fühlten, dass der Heldensinn des Ritters darum nicht mindere Bewunderung verdient, wenn ihm der Löwe ohne Kampflust den Rücken kehrte, und dass seine Taten umso preisenswerter, je schwächer und ausgedörrter sein Leib, je morscher die Rüstung, die ihn schützte, und je armseliger der Klepper, der ihn trug. Wir verachteten den niedrigen Pöbel, der, geschmückt mit buntseidenen Mänteln, vornehmen Redensarten und Herzogstiteln, einen Mann verhöhnte, der ihm an Geisteskraft und Edelsinn so weit überlegen war. Dulcineas Ritter stieg immer höher in meiner Achtung und gewann immer mehr meine Liebe, je länger ich in dem wundersamen Buche las, was in demselben Garten täglich geschah, so dass ich schon im Herbste das Ende der Geschichte erreichte – und nie werde ich den Tag vergessen, wo ich von dem kummervollen Zweikampfe las, worin der Ritter so schmählich unterliegen musste!

Es war ein trüber Tag, hässliche Nebelwolken zogen den grauen Himmel entlang, die gelben Blätter fielen schmerzlich von den Bäumen, schwere Tränentropfen hingen an den letzten Blumen, die gar traurig welk die sterbenden Köpfchen senkten, die Nachtigallen waren längst verschollen, von allen Seiten starrte mich an das Bild der Vergänglichkeit – und mein Herz wollte schier brechen, als ich las, wie der edle Ritter betäubt und zermalmt am Boden lag und, ohne das Visier zu heben, als wenn er aus dem Grabe gesprochen hätte, mit schwacher, kranker Stimme zu dem Sieger hinaufrief: ›Dulcinea ist das schönste Weib der Welt und ich der unglücklichste Ritter auf Erden, aber es ziemt sich nicht, dass meine Schwäche diese Wahrheit verleugne – stoßt zu mit der Lanze, Ritter!‹

Ach, dieser leuchtende Ritter vom silbernen Monde, der den mutigsten und edelsten Mann der Welt besiegte, war ein verkappter Barbier!«

Es sind nun acht Jahre, dass ich, für den vierten Teil der »Reisebilder«, diese Zeilen geschrieben, worin ich den Eindruck schilderte, den die Lektüre des Don Quixote vor weit längerer Zeit in meinem Geiste hervorbrachte. Lieber Himmel, wie doch die Jahre schnell dahinschwinden! Es ist mir, als habe ich erst gestern in der Seufzerallee des Düsseldorfer Hofgartens das Buch zu Ende gelesen und mein Herz sei noch erschüttert von Bewunderung für die Taten und Leiden des großen Ritters. Ist mein Herz die ganze Zeit über stabil geblieben, oder ist es, nach einem wunderbaren Kreislauf, zu den Gefühlen der Kindheit zurückgekehrt? Das Letztere mag wohl der Fall sein: Denn ich erinnere mich, dass ich in jedem Lustrum meines Lebens den Don Quixote mit abwechselnd verschiedenartigen Empfindungen gelesen habe. Als ich ins Jünglingsalter emporblühete und mit unerfahrenen Händen in die Rosenbüsche des Lebens hineingriff und auf die höchsten Felsen klomm, um der Sonne näher zu sein, und des Nachts von nichts träumte als von Adlern und reinen Jungfrauen, da war mir der »Don Quixote« ein sehr unerquickliches Buch, und lag es in meinem Wege, so schob ich es unwillig zur Seite. Späterhin, als ich zum Manne heranreifte, versöhnte ich mich schon einigermaßen mit Dulcineas unglücklichem Kämpen, und ich fing schon an, über ihn zu lachen. »Der Kerl ist ein Narr«, sagte ich. Doch, sonderbarerweise, auf allen meinen Lebensfahrten verfolgten mich die Schattenbilder des dürren Ritters und seines fetten Knappen, namentlich wenn ich an einen bedenklichen Scheideweg gelangte. So erinnere ich mich, als ich nach Frankreich reiste und eines Morgens im Wagen aus einem fieberhaften Halbschlummer erwachte, sah ich im Frühnebel zwei wohlbekannte Gestalten neben mir einherreiten, und die eine, an meiner rechten Seite, war Don Quixote von der Mancha auf seiner abstrakten Rosinante, und die andere, zu meiner Linken, war Sancho Pansa auf seinem positiven Grauchen. Wir hatten eben die französische Grenze erreicht. Der edle Manchaner beugte ehrfurchtsvoll das Haupt vor

der dreifarbigen Fahne, die uns vom hohen Grenzpfahl entgegen-
flatterte, der gute Sancho grüßte mit etwas kühlerem Kopfnicken
die ersten französischen Gendarmen, die unfern zum Vorschein
kamen; endlich aber jagten beide Freunde mir voran, ich verlor sie
aus dem Gesichte, und nur noch zuweilen hörte ich Rosinantes
begeistertes Gewieher und die bejahenden Töne des Esels.

Ich war damals der Meinung, die Lächerlichkeit des Donquixotismus bestehe darin, dass der edle Ritter eine längst abgelebte
Vergangenheit ins Leben zurückrufen wollte und seine armen
Glieder, namentlich sein Rücken, mit den Tatsachen der Gegenwart in schmerzliche Reibungen gerieten. Ach, ich habe seitdem
erfahren, dass es eine ebenso undankbare Tollheit ist, wenn man
die Zukunft allzu frühzeitig in die Gegenwart einführen will und
bei solchem Ankampf gegen die schweren Interessen des Tages
nur einen sehr mageren Klepper, eine sehr morsche Rüstung und
einen ebenso gebrechlichen Körper besitzt! Wie über jenen, so
auch über diesen Donquixotismus schüttelt der Weise sein ver-
nünftiges Haupt. – Aber Dulcinea von Toboso ist dennoch das
schönste Weib der Welt; obgleich ich elend zu Boden liege, nehme ich dennoch diese Behauptung nimmermehr zurück, ich
kann nicht anders – stoßt zu mit euren Lanzen, ihr silberne
Mondritter, ihr verkappte Barbiergesellen!

Welcher Grundgedanke leitete den großen Cervantes, als er
sein großes Buch schrieb? Beabsichtigte er nur den Ruin der
Ritterromane, deren Lektüre zu seiner Zeit in Spanien so stark
grassierte, dass geistliche und weltliche Verordnungen dagegen unmächtig waren? Oder wollte er alle Erscheinungen der
menschlichen Begeisterung überhaupt und zunächst das Heldentum der Schwertführer ins Lächerliche ziehen? Offenbar be-
zweckte er nur eine Satire gegen die erwähnten Romane, die er,
durch Beleuchtung ihrer Absurditäten, dem allgemeinen Ge-
spötte und also dem Untergange überliefern wollte. Dieses ge-

lang ihm auch aufs Glänzendste: Denn was weder die Ermahnungen der Kanzel noch die Drohungen der Kanzlei bewerkstelligen konnten, das erwirkte ein armer Schriftsteller mit seiner Feder: Er richtete die Ritterromane so gründlich zugrunde, dass bald nach dem Erscheinen des »Don Quixote« der Geschmack für jene Bücher in ganz Spanien erlosch und auch keins derselben mehr gedruckt ward. Aber die Feder des Genius ist immer größer als er selber, sie reicht immer weit hinaus über seine zeitlichen Absichten, und ohne dass er sich dessen klar bewusst wurde, schrieb Cervantes die größte Satire gegen die menschliche Begeisterung. Nimmermehr ahnte er dieses, er selber, der Held, welcher den größten Teil seines Lebens in ritterlichen Kämpfen zugebracht hatte und im späten Alter sich noch oft darüber freute, dass er in der Schlacht bei Lepanto mitgefochten, obgleich er diesen Ruhm mit dem Verluste seiner linken Hand bezahlt hatte.

Über Person und Lebensverhältnisse des Dichters, der den »Don Quixote« geschrieben, weiß der Biograph nur weniges zu melden. Wir verlieren nicht viel durch solchen Mangel an Notizen, die gewöhnlich bei den Frau Basen der Nachbarschaft aufgegabelt werden. Diese sehen ja nur die Hülle; wir aber sehen den Mann selbst, seine wahre, treue, unverleumdete Gestalt.

Er war ein schöner, kräftiger Mann, Don Miguel Cervantes de Saavedra. Seine Stirn war hoch, und sein Herz war weit. Wundersam war die Zauberkraft seines Auges. Wie es Leute gibt, welche durch die Erde schauen und die darin begrabenen Schätze oder Leichen sehen können, so drang das Auge des großen Dichters durch die Brust der Menschen, und er sah deutlich, was dort vergraben. Den Guten war sein Blick ein Sonnenstrahl, der ihr Inneres freudig erhellte; den Bösen war sein Blick ein Schwert, das ihre Gefühle grausam zerschnitt. Sein Blick drang forschend in die Seele eines Menschen und sprach mit ihr, und wenn sie nicht antworten wollte, folterte er sie, und die Seele lag blutend auf der Folter, während vielleicht ihre liebliche Hülle sich herablassend vornehm gebärdete. Was Wunder, dass ihm dadurch sehr viele Leute abhold wurden und ihn auf seiner irdischen Laufbahn nur saumselig beförderten! Auch gelangte er niemals zu Rang und Wohlstand, und von all seinen mühseligen Pilgerfahrten brachte er keine Perlen, sondern nur leere Muscheln nach Hause. Man sagt, er habe den Wert des Geldes nicht zu schätzen gewusst; aber ich versichere euch, er wusste den Wert des Geldes sehr zu schätzen, sobald er keins mehr hatte. Nie aber schätzte er es so hoch wie seine Ehre. Er hatte Schulden, und in einer von ihm verfassten Charte, die Apollo den Dichtern oktroyiert, bestimmt der erste Paragraph: Wenn ein Dichter versichert, kein Geld zu haben, so solle man ihm aufs Wort glauben und keinen Eid von ihm verlangen. Er liebte Musik, Blumen und Weiber. Doch auch in der Liebe für Letztere ging es ihm manchmal herzlich schlecht, namentlich als er noch jung war. Konnte das Bewusstsein künftiger Größe ihn genugsam trösten in seiner Jugend, wenn schnippische Rosen ihn mit ihren Dornen verletzten? – Einst an einem hellen Sommernachmittag ging er, ein junger Fant, am Tajo spazieren mit einer sechzehnjährigen Schönen, die sich beständig über seine Zärtlichkeit mokierte. Die Sonne war noch nicht untergegangen, sie glühte noch in ihrer goldigsten Pracht; aber oben am Himmel stand schon der Mond, winzig und blass, wie ein weißes Wölkchen. »Siehst du«, sprach der junge Dichter zu seiner Geliebten, »siehst du dort oben jene kleine bleiche Scheibe? Der Fluss hier neben uns, worin sie sich abspiegelt, scheint nur aus Mitleiden ihr ärmliches Abbild auf seinen stolzen Fluten zu tragen, und die gekräuselten Wellen werfen es zuweilen spottend ans Ufer. Aber lass nur den alten Tag verdämmern! Sobald die Dunkelheit anbricht, erglüht droben jene blasse Scheibe immer herrlicher und herrlicher, der ganze Fluss wird überstrahlt von

ihrem Lichte, und die Wellen, die vorhin so wegwerfend über-
mütig, erschauern jetzt bei dem Anblick dieses glänzenden Ge-
stirns und schwellen ihm entgegen mit Wollust.«

In den Werken der Dichter muss man ihre Geschichte suchen, und hier findet man ihre geheimsten Bekenntnisse. Überall, mehr noch in seinen Dramen als im »Don Quixote«, sehen
wir, was ich bereits erwähnt habe, dass Cervantes lange Zeit Soldat war. In der Tat, das römische Wort: »Leben heißt Krieg führen!« findet auf ihn seine doppelte Anwendung. Als gemeiner
Soldat kämpfte er in den meisten jener wilden Waffenspiele, die
König Philipp II. zur Ehre Gottes und seiner eigenen Lust in allen
Landen aufführte. Dieser Umstand, dass Cervantes dem größten
Kämpen des Katholizismus seine ganze Jugend gewidmet, dass
er für die katholischen Interessen persönlich gekämpft, lässt vermuten, dass diese Interessen ihm auch teuer am Herzen lagen,
und widerlegt wird dadurch jene vielverbreitete Meinung, dass

nur die Furcht vor der Inquisition ihn abgehalten habe, die protestantischen Zeitgedanken im »Don Quixote« zu besprechen. Nein, Cervantes war ein getreuer Sohn der römischen Kirche, und nicht bloß blutete sein Leib im ritterlichen Kampfe für ihre gebenedeite Fahne, sondern er litt für sie auch mit seiner ganzen Seele das peinlichste Märtyrtum während seiner langjährigen Gefangenschaft unter den Ungläubigen.

Dem Zufall verdanken wir mehr Details über das Treiben des Cervantes zu Algier, und hier erkennen wir in dem großen Dichter einen ebenso großen Helden. Die Gefangenschaftsgeschichte widerspricht aufs Glänzendste der melodischen Lüge jenes glatten Lebemannes, der dem Augustus und allen deutschen Schulfüchsen weisgemacht hat, er sei ein Dichter, und Dichter seien feige. Nein, der wahre Dichter ist auch ein wahrer Held, und in seiner Brust wohnt die Geduld, die, wie der Spanier sagt, ein zweiter Mut ist. Es gibt kein erhabeneres Schauspiel als den Anblick jenes edeln Kastilianers, der dem Dei zu Algier als Sklave dient, beständig auf Befreiung sinnt, seine kühnen Pläne unermüdlich vorbereitet, allen Gefahren ruhig entgegenblickt und, wenn das Unternehmen scheitert, lieber Tod und Folter ertrüge, als dass er nur mit einer Silbe die Mitschuldigen verriete. Der blutgierige Herr seines Leibes wird entwaffnet von so viel Großmut und Tugend, der Tiger schont den gefesselten Löwen und zittert vor dem schrecklichen Einarm, den er doch mit einem Wort in den Tod schicken könnte. Unter dem Namen »der Einarm« ist Cervantes in ganz Algier bekannt, und der Dei gesteht, dass er ruhig schlafen könne und der Ruhe seiner Stadt, seiner Armee und seiner Sklaven versichert sei, wenn er nur den einhändigen Spanier in festem Gewahrsam wisse.

Ich habe erwähnt, dass Cervantes beständig gemeiner Soldat war; aber da er sogar in so untergeordneter Stellung sich auszeichnen und namentlich seinem großen Feldherrn, Don Juan d'Austria, bemerkbar machen konnte, so erhielt er, als er aus Italien nach Spanien zurückkehren wollte, die rühmlichsten Zeugnisbriefe für den König, dem seine Beförderung darin nachdrücklich empfohlen ward. Als nun die algierischen Korsaren, die ihn auf dem Mittelländischen Meere gefangen nahmen, diese Briefe sahen, hielten sie ihn für eine Person von äußerst bedeutendem Stande und forderten deshalb ein so erhöhetes Lösegeld, dass seine Familie, trotz aller Mühen und Opfer, ihn nicht loszukaufen vermochte und der arme Dichter dadurch desto länger und qualsamer in der Gefangenschaft gehalten wurde. So ward sogar die Anerkennung seiner Vortrefflichkeit für ihn nur eine neue Quelle des Unglücks, und so, bis ans Ende seiner Tage, spottete seiner jenes grausame Weib, die Göttin Fortuna, die es dem Genius nie verzeiht, dass er auch ohne ihre Gönnerschaft zu Ruhm und Ehre gelangen kann.

Aber ist das Unglück des Genius immer nur das Werk eines blinden Zufalls, oder entspringt es als Notwendigkeit aus seiner innern Natur und der Natur seiner Umgebung? Tritt seine Seele in Kampf mit der Wirklichkeit, oder beginnt die rohe Wirklichkeit einen ungleichen Kampf mit seiner edlen Seele?

Die Gesellschaft ist eine Republik. Wenn der Einzelne emporstrebt, drängt ihn die Gesamtheit zurück durch Ridiküle und Verlästerung. Keiner soll tugendhafter und geistreicher sein als die übrigen. Wer aber durch die unbeugsame Gewalt des Genius hinausragt über das banale Gemeindemaß, diesen trifft der Ostrazismus der Gesellschaft, sie verfolgt ihn mit so gnadenloser Verspottung und Verleumdung, dass er sich endlich zurückziehen muss in die Einsamkeit seiner Gedanken. [...]

Was nun jene zwei Gestalten betrifft, die sich Don Quixote und Sancho Pansa nennen, sich beständig parodieren und doch so wunderbar ergänzen, dass sie den eigentlichen Helden des Romans bilden, so zeugen sie im gleichen Maße von dem Kunstsinn wie von der Geistestiefe des Dichters. Wenn andere Schriftsteller, in deren Roman der Held nur als einzelne Person durch die Welt zieht, zu Monologen, Briefen oder Tagebüchern ihre Zuflucht nehmen müssen, um die Gedanken und Empfindungen des Helden kundzugeben, so kann Cervantes überall einen natürlichen Dialog hervortreten lassen; und indem die eine Figur immer die Rede der andern parodiert, tritt die Intention des Dichters umso sichtbarer hervor. Vielfach nachgeahmt ward seitdem die Doppelfigur, die dem Roman des Cervantes eine so kunstvolle Natürlichkeit verleiht und aus deren Charakter, wie aus einem einzigen Kern, der ganze Roman mit all seinem wilden Laubwerk, seinen duftigen Blüten, strahlenden Früchten und Affen und Wundervögeln, die sich auf den Zweigen wiegen, gleich einem indischen Riesenbaum sich entfaltet.

Aber es wäre ungerecht, hier alles auf Rechnung sklavischer Nachahmung zu setzen; sie lag so nahe, die Einführung solcher zwei Figuren wie Don Quixote und Sancho Pansa, wovon die eine, die poetische, auf Abenteuer zieht und die andere, halb aus Anhänglichkeit, halb aus Eigennutz, hinterdrein läuft durch Sonnenschein und Regen, wie wir selber sie oft im Leben begegnet haben. Um dieses Paar, unter den verschiedenartigsten Vermummungen, überall wiederzuerkennen, in der Kunst wie im Leben, muss man freilich nur das Wesentliche, die geistige Signatur, nicht das Zufällige ihrer äußern Erscheinung ins Auge fassen. Der Beispiele könnte ich unzählige anführen. Finden wir Don Quixote und Sancho Pansa nicht ebenso gut in den Gestalten Don Juans und Leporellos wie etwa in der Person Lord Byrons und seines Bedienten Fletcher? Erkennen wir dieselben zwei Typen und ihr Wechselverhältnis nicht in der Gestalt des Ritters von Waldsee und seines Kaspar Larifari ebenso gut wie in der Gestalt von so manchem Schriftsteller und seinem Buchhändler, welcher letztere die Narrheiten seines Autors wohl einsieht, aber dennoch, um reellen Vorteil daraus zu ziehen, ihn getreusam auf allen seinen idealen Irrfahrten begleitet? Und der Herr Verleger Sancho, wenn er auch manchmal nur Püffe bei diesem Geschäfte gewinnt, bleibt doch immer fett, während der edle Ritter täglich immer mehr und mehr abmagert.

Aber nicht bloß unter Männern, sondern auch unter Frauenzimmern habe ich öfters die Typen Don Quixotes und seines Schildknappen wiedergefunden. Namentlich erinnere ich mich einer schönen Engländerin, einer schwärmerischen Blondine, die mit ihrer Freundin aus einer Londoner Mädchenpension entsprungen war und die ganze Welt durchziehen wollte, um ein so edles Männerherz zu suchen, wie sie es in sanften Mondscheinnächten geträumt hatte. Die Freundin, eine untersetzte Brünette, hoffte bei dieser Gelegenheit, wenn auch nicht etwas ganz apartes Ideale, doch wenigstens einen Mann von gutem Aussehen zu erbeuten. Ich sehe sie noch mit ihren liebesüchtigen blauen Augen, die schlanke Gestalt, wie sie am Strande von Brighton weit über das flutende Meer nach der französischen Küste hinüber schmachtete... Ihre Freundin knackte unterdessen Haselnüsse, freute sich des süßen Kerns und warf die Schalen ins Wasser.

Jedoch weder in den Meisterwerken anderer Künstler noch in der Natur selber finden wir die erwähnten beiden Typen in ihrem Wechselverhältnisse so genau ausgeführt wie bei Cervantes. Jeder Zug im Charakter und der Erscheinung des einen entspricht hier einem entgegengesetzten und doch verwandten Zuge bei dem andern. Hier hat jede Einzelheit eine parodistische Bedeutung. Ja, sogar zwischen Rosinanten und Sanchos Grauchen herrscht derselbe ironische Parallelismus wie zwischen dem Knappen und seinem Ritter, und auch die beiden Tiere sind gewissermaßen die symbolischen Träger derselben Idee. Wie in ihrer Denkungsart, so offenbaren Herr und Diener auch in ihrer Sprache die merkwürdigsten Gegensätze, und hier kann ich nicht umhin, der Schwierigkeiten zu erwähnen, welche der Übersetzer zu überwinden hatte, der die hausbackene, knorrige, niedrige Sprechart des guten Sancho ins Deutsche übertrug. Durch seine gehackte, nicht selten unsaubere Sprichwörtlichkeit mahnt der gute Sancho ganz an den Narren des Königs Salomon, an Markulf, der ebenfalls einem pathetischen Idealismus gegenüber das Erfahrungswissen des gemeinen Volkes in kurzen Sprüchen vorträgt. Don Quixote hingegen redet die Sprache der Bildung, des höheren Standes, und auch in der Grandezza des wohlgeründeten Periodenbaues repräsentiert er den vornehmen Hidalgo. Zuweilen ist dieser Periodenbau allzu weit ausgesponnen, und die Sprache des Ritters gleicht einer stolzen Hofdame in aufgebauschtem Seidenkleid mit langer rauschender Schleppe. Aber die Grazien, als Pagen verkleidet, tragen lächelnd einen Zipfel dieser Schleppe: Die langen Perioden schließen mit den anmutigsten Wendungen.

Den Charakter der Sprache Don Quixotes und Sancho Pansas resümieren wir in den Worten: Der erstere, wenn er redet, scheint immer auf seinem hohen Pferde zu sitzen, der andere spricht, als säße er auf seinem niedrigen Esel.

Heinrich Heine: »Einleitung zum ›Don Quixote‹«. In: H. H.: *Werke und Briefe in zehn Bänden.* Bd. 5. Hrsg. von Hans Kaufmann. Berlin/Weimar: Aufbau, [2]1972. S. 406–423.

Bücher dürfen manchmal auch zwicken

JEAN-JACQUES ROUSSEAU

PETER ALTENBERG

HANS PAASCHE

ANNEMARIE STOLTENBERG

Émile

Kein anderer Schriftsteller oder Philosoph hat im 18. Jahrhundert so viel Gedankenwirbel ausgelöst wie Jean-Jacques Rousseau (1712–1778). Sein Werk ist derart widersprüchlich, so reich an der Lust am Paradoxen und am Extremen, dass sich auch tiefer schürfende Dichter, gestaltungskräftigere Denker und geistvollere Literaten dazu herausgefordert fühlten, sich mit ihm zu beschäftigen. Mit seinem Vater soll Rousseau schon als Kind nächtelang die sentimentalen Romane aus der Sammlung seiner verstorbenen Mutter gelesen haben. Als Erwachsener empfiehlt er in seinem Hauptwerk *Émile oder Über die Erziehung* aus dem Jahr 1762 allerdings nicht die wahllose Lektüre vieler Bücher, sondern nur einen einzigen Roman: *Robinson Crusoe* (1719) von Daniel Defoe (1660–1731). Allein dieses Werk könne die natürliche Neugier und den freien Bildungserwerb von Kindern fördern.

Ich hasse die Bücher – durch sie lernt man nur, über etwas zu reden, was man nicht weiß. Man erzählt, Hermes habe die Elemente der Wissenschaften in Säulen eingraviert, um seine Entdeckungen vor den Fluten zu schützen. Hätte er sie fest in den

Kopf der Menschen eingeprägt, wären sie dort noch durch die Überlieferung erhalten. Ein kluger Kopf ist das Denkmal, in dem die menschlichen Erkenntnisse am sichersten eingeprägt sind.

Gäbe es denn kein Mittel, so viele verschiedene Lehren in so vielen verschiedenen Büchern verstreut, einander zu nähern, sie zu vereinen unter einem gemeinsamen Gesichtspunkt, der leicht fassbar ist, interessant zu verfolgen, und der selbst diesem Alter zum Antrieb werden könnte? Wenn man eine Situation erfinden könnte, in der alle natürlichen menschlichen Bedürfnisse sich auf eine sinnfällige Weise dem Geist des Kindes darstellten und in der die Mittel, diese gleichen Bedürfnisse zu befriedigen, sich nach und nach mit der gleichen Leichtigkeit entwickeln, so müsste durch das lebendige und natürliche Bild dieses Zustandes die Einbildungskraft des Kindes zum ersten Male geübt werden.

Ihr feurigen Philosophen, schon sehe ich die eurige sich entflammen. Stürzt euch nicht in geistige Unkosten – diese Situation ist schon gefunden und dargelegt und, nichts für ungut, viel besser als ihr selbst sie darlegen könntet, wenigstens wahrhafter und einfacher. Da es nun absolut nicht ohne Bücher geht, so gibt es eins, das meiner Meinung nach die beste Abhandlung über die natürliche Erziehung liefert. Dieses Buch wird das erste sein, das mein Émile zu lesen bekommt. Es wird für lange Zeit das einzige sein, woraus seine ganze Bibliothek besteht, und dort immer einen besonderen Platz einnehmen. Das wird der Text sein, zu dem all unsre Unterhaltungen über die Naturwissenschaften nur den Kommentar bilden. Es wird zum Maßstab unsrer Urteilsfähigkeit während unsrer Fortschritte und, soweit unser Geschmack nicht verdorben wird, wird seine Lektüre uns immer Freude machen. Welch herrliches Buch ist denn das? Aristoteles? Plinius? Buffon? Nein. Es ist *Robinson Crusoe*.

Robinson Crusoe, auf seiner Insel ohne jeglichen Beistand vollkommen allein, ohne jedes Handwerkszeug, der aber trotzdem für seinen Unterhalt sorgt, für seine Selbsterhaltung und sich sogar eine Art Wohlleben schafft – das fasziniert Menschen jeden Alters, und man kann es Kindern auf tausenderlei Weise schmackhaft machen. So setzen wir die einsame Insel, die ich vorher zum Vergleich nahm, in die Wirklichkeit um. Ein solches Leben ist nichts für den Gesellschaftsmenschen, das gebe ich zu; und wahrscheinlich wird auch Émile nicht so leben müssen. Aber von diesem Zustand soll er den Maßstab nehmen, die anderen einschätzen. Das sicherste Mittel, sich über Vorurteile zu erheben und seine Urteile nach den wahren Verhältnissen der Dinge zu ordnen, ist, sich in die Situation eines völlig isolierten Menschen zu versetzen und über alles so zu urteilen, wie dieser Mensch mit Rücksicht auf seinen eigenen Nutzen urteilen muss.

Dieser Roman, der, befreit vom übrigen Schwulst, mit Robinsons Schiffbruch bei seiner Insel beginnt und mit der Ankunft des rettenden Schiffs aufhört, wird für Émile während des Lebensabschnitts, von dem jetzt die Rede ist, Zeitvertreib und Belehrung in einem sein. Ich will, dass er nichts anderes im Kopf hat, dass er sich ununterbrochen mit seiner Burg, seinen Ziegen und Pflanzungen beschäftigt; dass er ganz genau, nicht durch Bücher, sondern an den Dingen alles das lernt, was man in einem solchen Fall wissen muss, und dass er glaubt, selbst Robinson zu sein. Dass er sich selbst mit Fellen bekleidet sieht, eine große Mütze auf dem Kopf, mit einem langen Säbel – mit der ganzen grotesken Ausstattung dieser Gestalt bis zum Sonnenschirm, den er nicht braucht. Ich will, dass er sich Sorgen darüber macht, was zu tun wäre, wenn ihm dies oder jenes fehlt, dass er die Handlungen seines Helden prüft und herausfinden will, ob er auch nichts unterlassen hat, ob es keine besseren Möglichkeiten gegeben hätte; dass er sich dessen Fehler gut merkt und daraus so viel lernt, dass ihm in einem ähnlichen Fall nicht das Gleiche passieren könnte; denn zweifelt nicht daran, er fasst den Plan, sich einmal auf ähnliche Art und Weise irgendwo niederzulassen. So sieht das wahre Luftschloss dieses glücklichen Lebensalters aus, in dem man kein anderes Glück kennt, als ein Leben in Einfachheit und Freiheit.

Jean-Jacques Rousseau: *Émile oder Über die Erziehung.* Aus dem Franz. übers. von Eleonore Sckommodau und Martin Rang. Hrsg. und komm. von Tim Zumhof. Stuttgart: Reclam, 1963. S. 293–296.

Werthers Leiden

Als meine gestrenge Großmutter mich als junges Mädchen einmal fragte, was ich denn gerade läse, antwortete ich: Peter Altenberg (1859–1919). Sie murmelte: »Ach Gott, für den haben wir doch schon als Backfische geschwärmt.« Peter Altenberg, der eigentlich Richard Engländer hieß, war ein Wiener Kaffeehausdichter, ein echtes Original, dessen erste Bücher um die Wende zum 20. Jahrhundert erschienen sind. Er war in vielem gescheitert, wurde aber von dem Schriftsteller und Publizisten Karl Kraus (1874–1936) gefördert. Seine Gedanken notierte er auf Zetteln, die er in eine Reisetasche warf. Wenn die Tasche voll war, holte sie sein Verleger Samuel Fischer ab, um dann jeweils die Sammlung als Buch herauszubringen.

Verschroben, liebenswürdig und störrisch war Altenberg. Oft soll er nachts laut schimpfend, mit dem Gehstock fuchtelnd durch die Gassen von Wien gegangen sein. Wenn ein Schutzmann ihn ermahnte: »Herr Altenberg, Sie machen ein Aufsehen!«, rief er laut: »Viel zu wenig, viel zu wenig!« Auch konnte er es nicht lassen, immer wieder zu predigen, dass sich die Menschen anders ernähren müssten. Lesenswert sind seine Gedankensplitter bis heute, denn er wollte die Menschen wirklich verstehen, und zwar so, wie sie sich selbst verstanden. Darunter der arme Werther und seine Leiden, die er unter der unerwiderten Liebe zu Lotte zu ertragen hatte.

Siehe, man wird milde und verständnisvoller!
Habe mit 55 Jahren »Die Leiden des jungen Werther« wieder gelesen. Verstehe absolut nicht mehr diese Talmisentimentalität und *reelle Verlogenheit* dieser Lotte Kestner gegenüber und ihrem Gatten, Herrn Albert, diesem Biederen, die man einst *verehrte*. Beide *weiden sich doch gleichsam* an der mysteriösen Wirkung, die diese *anständige Gans* auf das zarte Dichtergemüt dieses *herrlichen* unglückseligen Werther ausübt, ja, *beziehen* davon sogar vielleicht einen Teil ihres *eigenen Lebensglückes!* »Mir zwa g'hören halt einmal zusammen, etsch!« Albert müsste als *wirklich* anständiger Mensch, der ein Philister eben nie ist, nie sein *kann*, der Lotte sagen: »Mein liebes Kind, dieser *Edelmensch* ist *krank* an dir, erhöre ihn ein *einziges Mal* und entlasse ihn dann gnädig, dass er die *Edellast* seiner armen gequälten Seele wenigstens weiter ertragen könne durch die ewige Erinnerung an eine Glückseligkeit, die *ich tausendmal* habe durch *Schicksals unverdiente Gnade!*«

Und Lotte ihrerseits müsste es von selbst sagen: »Werther, du bist *an mir* krank, und *ich* sollte, im Gegensatze zu jedem *fremden Arzte, der für nichts* seine ganze Kunst jedes Mal aufbietet, irgendeinen gleichgültigen Fremden zu heilen, dich *vor mir* dahinsiechen lassen und trotzdem *keine Hand rühren?!* Da müsste ich mich ja als eine *feige Mörderin* vor mir selbst schämen!«

Aber es geht eben *anders* aus, und alle Hypokriten sind ge-
rührt. *Ich nicht!*

Lotte und *Herr Albert*, *euer* schmales, mageres Eheglück
wiegt nicht auf eine *einzige Qualstunde* Werthers!

Dös merkt's euch, ihr Herrschaften, die sich *anständig dün-
ken*, weil's *ka Herz habts!* Außer für *ihr* G'schäft, das sie *untereinander* machen! Aber wirklich *untereinander!*

Peter Altenberg: »Werthers Leiden«. In: P. A.: *Ausgewählte Werke in zwei
Bänden.* Bd. 2. Aphorismen, Skizzen und Geschichten. München: Carl Hanser,
1979. S. 44 f.

Die Forschungsreise des Afrikaners Lukanga Mukara ins Innerste Deutschlands

Der leidenschaftliche Pazifist Hans Paasche (1881–1920) kam 1904 als Erster Offizier nach Ostafrika, wo er die brutale Niederschlagung eines Aufstandes erlebte. Seitdem kämpfte er für die Rechte der Menschen in Afrika und fühlte sich persönlich für sie verantwortlich, obgleich er als Spross einer konservativen, großbürgerlichen Familie nicht annähernd in dieser Weise erzogen worden war. Doch es war ihm gelungen, »durch das Gestrüpp deutscher Erziehung hindurchzugehen und dennoch Mensch zu werden«. In seinem Briefroman *Die Forschungsreise des Afrikaners Lukanga Mukara ins Innerste Deutschlands* (1921 postum veröffentlicht) versetzt er sich in die Lage eines Menschen, der ganz ursprünglich, ohne Wasser- und Stromversorgung, in einem afrikanischen Dorf aufgewachsen ist und nun ohne jede Vorkenntnis in die hochtechnisierte Welt kommt. Lukanga Mukara wundert sich natürlich über vieles, was er dort beobachtet, und berichtet seinem Häuptling von den sonderbaren deutschen Sitten und Bräuchen.

Kamerere Rugawa, Vater der Rinder!
Dies ist das dritte Mal, dass ich Dir schreibe, und Du wirst schon sagen: Lukanga soll doch heimkommen und soll uns erzählen, anstatt Boten zu senden mit dem beschriebenen Papier. Werde nicht ungeduldig! Komme ich bald, dann sah ich nicht viel, bleibe ich aber lange, dann kannst Du von mir erwarten, dass ich das Land der Wasungu genau kenne und so vieles in mich aufgenommen habe, dass ich jahrelang erzählen und Du jahrelang zuhören kannst.

Was nun gerade das Handwerk des Schreibens angeht, so ist es rein unbegreiflich, dass mir in diesem Lande kein Sungu begegnet, der nicht schreiben gelernt hätte. Auch die Kinder der Bauern wissen mit Farbsaft und Federspalt umzugehen und können die Zeichen anderer lesen. Und die, welche sie das Handwerk des Schreibens lehren, glauben, dass die Bauern dadurch längere Ähren ernten und mehr Vieh besitzen.

Es ist gewiss, dass einige Wasungu vom Schreiben und Lesen Nutzen haben und sehr weise werden; manche im Volk aber verlieren auch durch dies Können, und sehr viele Zeichenkundige werden um nichts besser, denn sieh, es gibt in diesem Lande zwar Gesetze, die jedem gebieten, schreiben und lesen zu lernen, es gibt aber kein Gesetz, das verbietet, Schlechtes zu schreiben, Schlechtes zu lesen. Und so wird viel Schlechtes über ein Volk, das schreiben kann, hingeschrieben. Es kann kein Gesetz geben, das verbiete, Schlechtes zu schreiben. Denn wer will abmessen, wo die Grenze des Guten liege? Und gerade das Schlechte, das sich unter dem Schein des Guten verbirgt, ist den Menschen am gefährlichsten. Die Wasungu haben Geschriebenes, das so gut ist und so rein wie die Luft in den Bergen von Bugoie in der Regenzeit. Aber wenige nur atmen diese reine Luft. Die meisten werden festgehalten im dumpfen Dunst der Sümpfe. Unter denen, die schreiben und Geschriebenes verkaufen, gibt es allzu viele, die nicht schreiben, um den Lesern Notwendiges zu sagen, sondern nur, um recht viel Geld zu bekommen. Deshalb schmeicheln und reizen sie die Leser und erzählen ihnen von einer Welt, in der auch der Dümmste und Faulste mit sich zufrieden sein muss, ohne dass ihm der Wille geweckt werde, zu Besserem hinaufzusteigen. Wie soll denn jemand Besseres wollen, wenn ihm Schlechtes als das Beste geschildert wird! So ist es mit dem, was geschrieben erzählt und weiter verbreitet wird unter Zeichenkundigen. Aber auch im täglichen Leben bringt das Geschriebene Gefahr.

Der Hutu in Kitara kann nicht schreiben und darf es nicht lernen. Er sieht sich den Mann an, der spricht, fragt nach seiner Herkunft und Vergangenheit und beurteilt danach den Wert seines Wortes. Missfällt ihm der Sprechende, dann beachtet er ihn nicht. Der Bauer in Deutschland hat es schwer, hinter dem Geschriebenen den Mann zu erkennen, dem er vertrauen soll.

Du fragst gewiss, wie denn der deutsche Bauer Früchte ernte, obwohl er schreiben und lesen kann? Mukama, wie er das kann, ist mir auf meiner Reise im Lande klar geworden. Der deutsche Bauer weiß sich einzurichten: Er macht vom Schreiben und Lesen wenig Gebrauch, und oft vergisst er es recht bald. Wenn er dann jemandem etwas mitzuteilen hat, dann schreibt er nicht, sondern geht, gerade so wie der Hutu, fünf Stunden über Land. Er bringt dann die Antwort, die besser ist als eine geschriebene, gleich mit nach Hause. So kommt es, dass trotz den Gesetzen, welche das Schreiben gebieten, das deutsche Land vor jeder Ernte von hohem Getreide wogt und das Wiesengrün über den Rücken der Riedböcke zusammenschlägt.

Ich erzählte Dir schon, dass die Wasungu sich Menschen nennen, und ich weiß, weshalb sie es tun. Es ist ihnen von Riangombe, dem immer Wachen, eingegeben worden, sich als Menschen zu fühlen. Willst auch Du es begreifen, dann breite Du,

Leuchtender, das Fell eines Otters am Hain Deiner göttlichen Ahnen aus, setze Dich dort ruhig hin und sieh den Termiten zu, die in ihrem Erdhause leben. Was bist Du diesen kleinen Geschöpfen? Dein Schatten streift sie, wie uns der Schatten einer geballten Wolke. Sie kümmern sich nicht um Dich. Nichts Größeres kennen sie unter der Sonne als sich. »Wir sind die Menschen«, sagen sie, »sind die denkenden Geschöpfe, für deren Empfindung allein die Welt gemacht ist. Um uns dreht sich die ganze Welt.« Die Wanderameisen und alle anderen Ameisen sind nach ihrem Begriff »Wilde«, und von den Raupen und Käfern, die sie in ihre Baue schleppen, sagen sie, es seien Geschöpfe niederer Art, ohne Gefühle, ohne Verstand, nur mit »Instinkten« begabt. Sie sagen auch von sich, sie allein hätten die richtige Weltanschauung. So gab Riangombe jedem Geschöpf ein, sich für den Mittelpunkt der Welt zu halten und die Erde zu seinen Füßen zu sehen.

Es ist mit den Wasungu nicht anders. Auch sie glauben, die Erde sei um ihretwillen gemacht und halten sich für das Beste, was auf dieser Erde hervorgebracht worden ist.

Schimmerndes Haupt, hat es der Schöpfer nicht weise eingerichtet, dass jeder mit seinem Lose zufrieden sein kann? Zufrieden ist, wenn er das eine tut: wenn er sich selbst erfüllt. Sieh, auch der Arme kann zufrieden sein, und nur der Hunger verbittert die, welche zusehen müssen, wie andere Nahrung vergeuden. Wenn aber jemand allein ist, kann er sogar Hunger ertragen: Wo nicht gerade der unerträglichste Hunger ist, da kann selbst der Bedrückte, kann sogar der Arme zufrieden sein. Denn wenn einer reicher ist und sich mit mehr Schauspiel umgibt als der Arme, dann denkt doch der Arme, der Reiche sei nur für ihn da, dass er ihn mit seinem Glanz und mit den vielen bunten Sachen, die er der Reihe nach anziehen muss, erfreue, und er bedauert den Reichen noch, dass er nicht den Genuss des Zuschauens haben kann, weil niemand reicher ist als er. Und der Reiche und Mächtige vergisst, dass er eigentlich nur ein Schauspieler ist, der sich pünktlich bekleiden und bemalen lassen muss und pünktlich, von rechts oder links, auftreten, damit die Armen etwas sehen. Er vergisst das, glaubt sogar, der Arme sei nur um seinetwillen da, den Zuschauer zu bilden, und bedauert den Armen.

Hier will ich Dir als Beispiel ein Erlebnis mitteilen, das ich hatte. Ein großer Feldherr des Landes wollte sich den versammelten Kriegern zeigen, um ihre Waffenlust in Friedenszeit anzuspornen. Er wollte sich auch dem gemeinen Volke zeigen, und das stand dichtgedrängt auf dem Platze und sah zu. Auch ich war unter dem niederen Volke als Zuschauer. Es war ein heißer Tag. Der Feldherr kam. Er saß auf einem schönen Pferde, hatte dichte und schwere Stoffe um den Leib geschnürt und war auf dem ganzen Körper mit bunten Metallblättchen und Ketten behangen. Auf dem Kopfe hatte er, wie alle seine Krieger, ein umgekehrtes

Gefäß, daran waren die Schwänze von weißen Hühnern befestigt. Wo er vorbeikam, schrie das Volk, und der Feldherr musste dann mit dem rechten Arm seinen Kopf anfassen, wobei ihm sehr warm wurde. Viele buntbehangene Adlige folgten dem Feldherrn zu Pferde, und allen war sehr warm.

Da erkannte ich, dass der einfachste unter den Zuschauern auch diesen mühevollen Aufwand nur auf sich bezog und sich freier fühlen kann als selbst der bewunderte Feldherr und sein Gefolge. Neben mir sagte ein Mann zu einem anderen: »Du, Emel, komm, lass die man alleene schwitzen, mir jehn pennen.« Aus diesen Worten, die zugleich die Sprechweise einer bestimmten Gegend wiedergeben, wurde mir das bestätigt, was ich Dir heute schrieb: Ein jeder sieht die Welt und seine eigne Stellung von der Mitte seines Kreises aus.

Und das ist auch der Grund, weshalb die Wasungu dazu kommen, sich Menschen zu nennen. Sie tun es ganz selbstbewusst, sie glauben wirklich, Menschen zu sein. Riangombe gab ihnen ein, sich als Menschen zu fühlen.

Hans Paasche: *Die Forschungsreise des Afrikaners Lukanga Mukara ins Innerste Deutschlands. Geschildert in Briefen Lukanga Mukaras an den König Ruoma von Kitara*. Mit einem Vorw. von Helga Paasche. Bremen: Domat & Temmen, 1984. S. 23–28.

Bücherheirat

Wer viele Bücher zu Hause in Regalen aufgereiht hat, wird immer wieder gefragt, ob man sie denn alle gelesen habe. Eine wunderbare Antwort darauf hat einmal der italienische Schriftsteller Umberto Eco (1932–2016) gefunden. Er behauptete in solchen Fällen gerne: Nein, hier stünden nur die ungelesenen, man würde doch auch keine leeren Konservendosen aufheben. Bei Ehepaaren wäre die viel wichtigere Frage: Wem von euch gehört welcher Teil der Bibliothek? Mein Mann und ich hatten schon lange ein gemeinsames Schlafzimmer, während wir immer noch getrennte Bücherregale pflegten.

Vor einiger Zeit fasste ich den Entschluss, ein Jahr lang nicht zur Arbeit ins Büro zu gehen, sondern andere Dinge im Leben auszuprobieren. Ich hatte eine hohe Meinung von mir selbst und wähnte mein Genie verkannt. Viele Pläne türmten sich da, ich hatte einiges vor. Millionärin wollte ich unter anderem auch werden. Also ein Jahr nur für mich, ein Sabbatjahr.

Zu dieser Zeit war ich bereits ein paar Jahre verheiratet, war glücklich und fühlte mich auf Händen getragen. Wir wohnten noch nicht lange zusammen. Bis dahin hatte es uns gefallen, dass jeder noch seine eigene Wohnung behalten hatte. Ein Umstand, um den uns manch ein Ehepaar aus dem Bekanntenkreis glühend beneidete.

An einem irgendwie schwarzen Abend hatten wir uns in meiner Wohnung heillos zerstritten, und mein Mann war geknickt und traurig in seine Wohnung gegangen. Das Brot, das er schon für unser gemeinsames Frühstück besorgt hatte, hatte ich ihm noch theatralisch aus dem Fenster hinterhergeworfen. Nachts um drei Uhr war ich dann mit dem Gedanken aufgewacht: »Jetzt hast du den einzigen Menschen vertrieben, der dich bedingungslos liebt und zu dir hält.« Also bin ich morgens um vier in seine Wohnung geschlichen und habe mich zu ihm gelegt. Zum Frühstück hat es dann das Brot gegeben, das von mir auf die Straße geworfen worden war. Spätestens da dachten wir, dass eine gemeinsame Wohnung einfacher wäre: Zum Vertragen vor dem Einschlafen. Von dem rausgeworfenen Geld für zwei Mieten mal ganz abgesehen. Also beschlossen wir, zusammenzuziehen, beziehungsweise er in meine Wohnung.

Nie werde ich den Moment in meinem jungen Eheleben vergessen, in dem ich dachte: »So, nun ist die Bude aber wirklich voll, vor lauter Sachen platzt sie aus allen Nähten, da passt kein zusätzlicher Schnellhefter mehr rein.« Doch genau in diesem Augenblick wurde mir klar, dass in der alten, aufzulösenden Wohnung noch exakt 40 Kartons mit Büchern standen. Über diese Restmenge im Umzugsaufkommen hatte mein Mann, der überhaupt gut schweigen kann, nichts gesagt. Man darf vielleicht dazu erwähnen, dass ich selbst schon das eine oder andere Buch besaß. Das war der Moment, in dem ich mich kurz scheiden lassen wollte. Die ganze Ehe, das Zusammenziehen – ein einziger Irrtum. Doch mein Mann zeigte in den folgenden Tagen Nerven aus Drahtseilen, und ohne mich weiter damit zu behelligen, schaffte er es irgendwie, alle seine Kisten unterzubringen, neue Regale bauen zu lassen und für alles einen Platz zu finden. Erstaunlich – und ein Mysterium für mich bis heute.

In meinem freien Jahr dachte ich nun, dass doch alles gut gelaufen sei in dieser Ehe. Man könnte es wagen, die Bücher alle zusammen in unserer gemeinsamen Wohnung, nach inzwischen weitgehend friedlich verbrachter Lebenszeit, in einer gemeinsamen Bibliothek zu ordnen, sie ineinander zu sortieren und neu aufzustellen. Ich war überzeugt davon, dass man auf dem Standesamt und in der Kirche zwar geheiratet haben kann, aber man erst richtig verheiratet wäre, wenn man die Bücher vermählte – und vielleicht war jetzt die richtige Zeit für diese nicht ganz gefahrlose Aktion gekommen.

Ein riskantes Unterfangen. Erstens, weil da diese Berge von Büchern herumstanden, und zweitens, weil in ihnen jede Menge Unausgesprochenes versteckt sein konnte. Vielleicht müffelte es irgendwo zwischen den Buchdeckeln? Oder es würden Hinweise auf verborgene Episoden im Leben des anderen auftauchen, die man sich noch nicht erzählt hatte? Man wundert sich zudem bei solchen Arbeiten, wie lange man in Wirklichkeit dafür braucht. Ich denke, ich bin wirklich schnell in allem. Aber es hat 14 Tage gedauert. Jeden Tag acht Stunden Leiter hoch, Leiter runter. Und vor allem: ein Ordnungssystem finden. Literarisches alphabetisch sortieren oder nach Epochen? Letzteres habe ich kurz erwogen, dann aber beschlossen, dass ich uns die Peinlichkeit ersparen wollte, bei manchen Autorinnen und Autoren nachschlagen zu müssen, wann sie gelebt und geschrieben haben. Und wer gehört zur Aufklärung, Klassik oder Romantik? Also doch lieber konventionell nach Alphabet. Dann ging es an die Sachbücher. Klar, nach Fachbereichen – Humor, Kabarett, Kochbücher … Das war alles übersichtlich und zu lösen. Aber nun stellte sich heraus, dass man ja niemanden heiratet, der einen vollkommen anderen Geschmack besitzt. Unfassbar viele Bücher waren doppelt vorhanden. Unzählige Einzelbände gab es zusätzlich zu Gesamtausgaben. Wunderschöne in Leinen gebundene Bände sahen sich ihrem Taschenbuch-Pendant gegenüber. Welche Ausgabe behält man nun? Das klingt leichter, als es war.

In manchen zerfledderten Leseexemplaren waren persönliche Einträge, die wichtig waren, daher mussten sie den Vorzug bekommen. In anderen Büchern standen Widmungen, in einigen lagen Botschaften, die kleine oder – von mir ausgehend – gröbere Anfälle retrospektiver Eifersucht auslösten. Aber ich finde die Frage durchaus berechtigt: Muss ich in meiner Wohnung Liebesbotschaften anderer Frauen dulden? Da kann man schnell grundsätzlich werden.

Doch auch unabhängig davon: Es waren einfach zu viele Bücher, damit sie hier alle bequem stehen konnten. Es mussten etliche aussortiert werden. Es half nichts. Einer trennte sich von seinen Kriminalromanen und Spionagethrillern und war erstaunt, dass sie sofort andere Liebhaber fanden, die bereit waren, echtes Geld dafür auszugeben. Die andere verabschiedete sich von ihrer schwer verdienten Studienbibliothek und musste feststellen, dass sie kein Mensch mehr brauchte und haben wollte. Warum interessierte sich niemand für den *Arzt-Patient-Dialog aus linguistischer Sicht*? Würde jemand noch *Warenstruktur und zerstörte Zwischenmenschlichkeit* lesen – oder konnte das weg? Zwölf Wäschekörbe voller Bücher fielen der Musterung zum Opfer. Und selbstverständlich brauchte ich genau drei Wochen nach der schwer errungenen Entscheidung gegen den Band über die *Fahrbücherei im Landkreis Storman* ganz dringend einen bestimmten Text, der nur in diesem Buch stand.

Stattdessen waren da nun meterweise Werke aus der Sammlung Dieterich. Mein Mann hatte sie von seinem Vater geschenkt bekommen, immer wenn er ihn (als er mit seiner Mutter schon in Hamburg lebte) in Bernburg (Saale) besucht hatte. Diese Sammlung musste prominent und zusammenstehen.

Man darf keine Sekunde lang vergessen, dass Bücher starke Emotionen transportieren. Sobald man sie anfasst, springen sie über. Manches hat man längst vergessen – und dann ist es plötzlich wieder da. Wann habe ich Klaus Theweleits *Orpheus*-Bände gelesen? Der Regenbogen der Suhrkamp Taschenbücher musste natürlich mit Geduld in die richtige Reihenfolge gebracht werden. In der Berliner Kleist-Ausgabe war Geld versteckt – und irgendwo hätte auch der Zettel sein sollen, auf dem notiert worden war, in welchem Drama und in welchem Akt? So viele Fragen, und das alles in der Zeit, die ich doch eigentlich dafür verwenden wollte, Millionärin zu werden.

Ich kannte mal jemanden, der im Lotto eine Million gewonnen hatte. Er zahlte als erste Maßnahme mit dem gewonnenen Geld das Häuschen seiner Mutter ab. Dann investierte er in Rennpferde, um nach einer überschaubaren Zeit wieder als Maurer zu arbeiten. Rückblickend meinte er, dass das einzig Vernünftige, was er mit dem sehr vielen Geld gemacht habe, tatsächlich die abbezahlte Restrate für das Haus seiner Mutter gewesen war. Ich habe in meinem freien Jahr noch viel angefangen, doch als die Zeit – sehr viel schneller als gedacht – um war und ich wieder jeden Werktag ins Büro ging, stellte sich heraus, dass das Verheiraten unserer Bücher die einzig wirklich bleibende, vernünftige Aktion in diesem kostbaren Jahr gewesen war. Wir können übrigens nie mehr auseinander gehen. Zu einer so großen Leistung wäre ich nicht mehr imstande.

Lesen als Trostsuche

ANNA ACHMATOWA

MARCEL PROUST

GUSTAVE FLAUBERT

CHARLOTTE BRONTË

ANNA ACHMATOWA

Unsrer Nichtbegegnung denkend

Es gibt im Leben eines jeden Lesers und einer jeden Leserin Sätze oder Texte, die er oder sie nicht vergisst. Dazu gehört für mich ein Bericht aus Anna Achmatowas *Requiem* (entstanden zwischen 1935 und 1943), in dem sich ihr eigenes Leid im Gesicht einer Frau in einer Warteschlange spiegelt. Das *Requiem* ist ein literarisches Zeugnis der Ära stalinistischer Gewaltherrschaft, und auch in unserer Zeit sind wir entsetzt über das, was in vielen Ländern der Welt vermeintlichen Regimegegnerinnen und -gegnern in Gefangenschaft angetan wird. Erschütternd ist das Schicksal von Anna Achmatowa (1889–1966): 1921 wird ihr geschiedener erster Mann hingerichtet, sie selbst wird 1925 durch einen Parteibeschluss mundtot gemacht und überwacht. 1935 werden ihr dritter Mann und ihr Sohn verhaftet. Mit einem flehentlichen Schreiben kann sie zwar Stalin dazu bewegen, die beiden freizulassen, aber als sie es wagt, den regimekritischen Dichter Ossip Mandelstam (1891–1938) in der Verbannung zu besuchen, wird der Sohn abermals verhaftet – um sie zu bestrafen. 1945 wird man den Sohn noch einmal zu zehn Jahren Lager verurteilen.

Anna Achmatowa wird als würdevolle Person beschrieben, mit majestätischem Gang, unerschütterlicher Selbstachtung und hohem schriftstellerischen Sendungsbewusstsein. Die Jahre von 1923 bis 1955 nannte sie ihr »Schicksal«. Sie stand monatelang in den Warteschlangen vor dem Gefängnis, um Nahrung und Kleidung für ihren Sohn abzugeben. Später ging sie auch Kompromisse ein und verfasste Gedichte im Sinne des Regimes, um den Sohn frei zu bekommen. Erst in ihrem letzten Lebensjahrzehnt, nach Stalins Tod, fand sie Anerkennung, aber die Angst hat sie nie mehr verlassen.

Die mehrfach für den Nobelpreis vorgeschlagene Achmatowa hatte großen Einfluss auf die ihr nachfolgenden Dichtergenerationen, die sich auf ihren Schultern stehend empfanden. Der russische Lyriker Joseph Brodsky (1940–1996) verehrte sie als eine jener Dichterinnen, die einfach vom Himmel fielen, mit einer bereits fertigen Sprache und ureigener Sensibilität. Dazu darf man vielleicht anmerken, dass auch sie alle Bücher von Brodsky gelesen hatte. Sie war eine starke Persönlichkeit, vor der manche Schriftsteller sich bis heute verneigen.

Requiem
1935–1940

Nein, nicht unter fremden Himmeln,
Noch unterm Schutze fremder Schwingen gar –
Ich war bei meinem Volke damals immer,
Dort, wo mein Volk, zu seinem Unglück, war.

1961

Statt eines Vorworts

In den schrecklichen Jahren des Jeschow-Terrors verbrachte ich siebzehn Monate in den Warteschlangen vor den Leningrader Gefängnissen. Eines Tages »identifizierte« mich jemand. Da erwachte eine hinter mir stehende Frau mit blauen Lippen, die meinen Namen natürlich noch nie zuvor gehört hatte, aus der uns allen eigenen Erstarrung und fragte mich flüsternd (so sprachen wir damals alle miteinander):

»Und Sie können das beschreiben?«
    Ich sagte:
    »Ja.«
    Da huschte etwas wie ein Lächeln über das, was einmal ihr Gesicht gewesen war.

1. April 1957
Leningrad

Anna Achmatowa: »Statt eines Vorworts«. In: A. A.: *Unsrer Nichtbegegnung denkend.* Gedichte aus den Jahren 1911 bis 1964. Ausgew. und aus dem Russ. übers. von Erich Ahrndt. Leipzig: Leipziger Literaturverlag, 2013. S. 97. – © 2013 Leipziger Literaturverlag, Leipzig.

Auf der Suche nach der verlorenen Zeit

Einer der monumentalsten Dichter der literarischen Moderne ist zweifellos Marcel Proust (1871–1922). Manche beschreiben die Lektüre von *Auf der Suche nach der verlorenen Zeit*, ein epochales Werk in sieben Bänden, dessen erster Band *Auf dem Weg zu Swann* 1913 erschien, als eine Art »Geschmacksverderber«. Damit ist gemeint, dass einem nach dieser Lektüre sehr lange nichts anderes wirklich »schmeckt«. Es ist eine derart auf die Spitze getriebene Wahrnehmungsschärfe, voller Empfindsamkeit und eben auch Hypochondrie, dass Leserinnen und Leser daraus einerseits großen Nutzen ziehen, sich andererseits aber auch köstlich amüsieren können. Natürlich hat Proust nicht nur seine Gefühle beim Schnuppern von Süßgebäck nuanciert beschrieben, sondern auch alle anderen denkbaren Gefühlsregungen. Es gibt Menschen, die sich eine Proust-Lektüre immer wieder vornehmen, aber sich nicht trauen, sie wirklich anzugehen. Virginia Woolf (mehr zu ihr auf S. 180) etwa zögerte, sich hineinzustürzen, aus Furcht hinabgesogen zu werden und nie mehr an die Oberfläche zu gelangen. Andere Leser, wie Alain de Botton, sind überzeugt davon, dass eine Proust-Lektüre das eigene Leben verbessern wird. Auf jeden Fall können wir von Proust lernen, wie ein Buch Augen und Sinne öffnen kann.

Während das Küchenmädchen – das unbeabsichtigt die hervorragenden Eigenschaften Françoises noch deutlicher erglänzen ließ, so wie der Irrtum durch den Kontrast den Sieg der Wahrheit noch leuchtender gestaltet – den Kaffee servierte, der nach Ansicht meiner Mutter nur aus heißem Wasser bestand, und anschließend heißes Wasser in unsere Zimmer brachte, das bestenfalls lauwarm war, hatte ich mich mit einem Buch in der Hand auf dem Bett in meinem Zimmer ausgestreckt, das bebend seine durchsichtige, zerbrechliche Kühle vor der Nachmittagssonne hinter seinen fast geschlossenen Läden schützte, durch die dennoch ein Schein des Tageslichts seine gelben Flügel hatte schlüpfen lassen und nun in einer Ecke unbeweglich zwischen Holz und Glas verharrte wie ein ruhender Schmetterling. Es war kaum hell genug zum Lesen, und das Gefühl für die Pracht des Lichtes wurde mir nur durch einige dröhnende Schläge vermittelt, die Camus in der Rue de la Cure gegen einige verstaubte Kisten führte, die aber in der Hitze der Tageszeit besonders klangvoll durch die Luft hallten und in der Ferne scharlachfarbene Sterne auffliegen zu lassen schienen; wie auch durch die Fliegen, die vor mir zu ihrem kleinen Konzert aufspielten wie eine sommerliche Kammermusik; sie ruft das Bild des Sommers nicht nach Art einer menschlichen Musik herauf, die, hat man sie zufällig in der schönen Jahreszeit gehört, einen sofort daran erinnert; sie ist mit dem Sommer durch ein zwingenderes Band vereint; von den schönen Tagen geboren, nur mit ihnen wiederzugebären, enthält sie ein wenig von deren Substanz und erweckt in unserem Gedächtnis nicht nur sein Abbild, sondern bestätigt in sich seine Rückkehr, seine wirkliche, umfassende, unmittelbar zugängliche Gegenwart.

Die dunkle Kühle meines Zimmers verhielt sich zu dem vollen Sonnenschein in der Straße wie der Schatten zum Lichtstrahl, das heißt, sie war genauso hell wie dieser und bot meiner Phantasie das ganze Schauspiel des Sommers, das meine Sinne, wenn ich einen Spaziergang gemacht hätte, nur bruchstückhaft hätten aufführen können; und sie fügte sich auch gut zu meiner Ruhe, die (dank der erschütternden Abenteuer, die in meinen Büchern erzählt wurden) gleich der Ruhe einer unbeweglichen Hand inmitten eines fließenden Gewässers dem Ansturm und der Lebhaftigkeit eines reißenden Handlungsstroms standhielt.

Meine Großmutter aber kam, sobald sich die größte Hitze des Tages gelegt hatte oder nachdem ein Gewitter oder auch nur ein Schauer vorübergegangen war, und beschwor mich, hinauszugehen. Und da ich meine Lektüre nicht unterbrechen wollte, ging ich wenigstens hinunter in den Garten und setzte sie unter der Kastanie fort, in einer kleinen Laube aus Flechtwerk und Segeltuch, in deren Hintergrund ich dann saß und mich sicher fühlte vor den Blicken der Leute, die meinen Eltern einen Besuch abstatten könnten.

Und war denn mein Denken nicht ebenfalls wie eine Krippe, von der ich das Gefühl haben konnte, dass ich in ihrer Tiefe auch dann verborgen blieb, wenn ich betrachtete, was draußen geschah? Wenn ich einen Gegenstand der Außenwelt sah, stellte sich das Wissen, dass ich ihn sah, zwischen mich und ihn, und fasste ihn in eine dünne, geistige Hülle, die mich daran hinderte, seine Substanz jemals unmittelbar zu berühren; diese verflüchtigte sich auf unbekannte Weise, noch ehe ich mit ihr hätte Kontakt aufnehmen können, so wie ein glühender Körper, den man einem feuchten Gegenstand nähert, niemals dessen Feuchtigkeit selbst berührt, weil ihm stets eine Verdunstungszone vorangeht. Unter einer Art von Schirm, den mein Bewusstsein, während ich las, gleichzeitig aufspannte und der mit verschiedenen geistigen Zuständen gemustert war, die von meinen zutiefst verborgenen Sehnsüchten bis hin zu dem ganz äußerlichen Anblick des Horizontes reichten, den ich am Ende des Gartens vor Augen hatte,

war das, was mich zuallererst und in meinem tiefsten Inneren
bestimmte, der unablässig in Bewegung befindliche Hebel, der
alles Übrige steuerte, der Glaube an die philosophische Fülle, an
die Schönheit des Buches, das ich gerade las, und das Verlangen,
sie mir anzueignen, welches Buch auch immer es war. Denn
selbst wenn ich es in Combray gekauft hatte, nachdem es mir am
Eingang zu Boranges Lebensmittelladen, der zu weit von unserem Haus entfernt war, als dass Françoise dort eingekauft hätte
wie bei Camus, der aber als Papier- und Buchladen besser sortiert
war, in dem Mosaik der an Fäden aufgehängten Heftchen und
Fortsetzungsromane, die die beiden Flügel seiner Eingangstür
noch geheimnisvoller und gedankenbesäter als das Portal einer
Kathedrale umkleideten, aufgefallen war, dann deshalb, weil ich
darin ein Buch wiedererkannt hatte, das mir als bemerkenswert
von einem Lehrer oder Mitschüler empfohlen worden war, der
mir in jenem Lebensabschnitt über die halb erahnten, halb un-
verständlichen Geheimnisse der Wahrheit und der Schönheit zu
verfügen schien, die zu erfahren das undeutliche, jedoch bestän-
dige Ziel meines ganzen Denkens war.

Nach diesem zentralen Glauben, der sich während meiner Lektüre unaufhörlich von innen nach außen bewegte, zur Entdeckung der Wahrheit hin, kamen die Empfindungen, die die Handlung, an der ich teilhatte, in mir auslöste, denn diese Nachmittage waren mit dramatischen Ereignissen so ausgefüllt wie häufig nicht einmal ein ganzes Leben. Es waren die Ereignisse in dem Buch, das ich las; es stimmt schon, dass die Personen, denen sie widerfuhren, nicht »wirklich« waren, wie Françoise sagte. Doch alle Empfindungen, die uns das Glück oder das Unglück einer wirklichen Person erfahren lassen, entstehen in uns nur durch die Vermittlung eines Abbildes dieses Glücks oder Unglücks; der Gedankenblitz des ersten Schriftstellers bestand darin zu erkennen, dass im Mechanismus unserer Empfindungen das Abbild das einzig wesentliche Element ist, und dass damit die Vereinfachung, die darin besteht, klar und einfach alle wirklichen Personen auszuschließen, die entscheidende Verbesserung bedeutet. Ein wirkliches Wesen, so tief wir auch mit ihm fühlen mögen, wird zum großen Teil durch unsere Sinne wahrgenommen, das heißt, es bleibt undurchsichtig und stellt ein Totgewicht dar, das unsere Empfindsamkeit nicht schultern kann. Wenn ihm ein Unglück zustößt, so werden wir nur in einem kleinen Teil der Gesamtvorstellung, die wir von ihm haben, davon berührt sein können, ja sogar das Wesen selbst wird es nur in einem Teil der Gesamtvorstellung sein können, die es von sich selbst hat. Der glückliche Fund des Schriftstellers hat in der Idee bestanden, die für die Seele undurchdringlichen Bereiche durch die gleiche Anzahl immaterieller Bereiche zu ersetzen, das heißt durch solche, die unsere Seele in sich aufnehmen kann. Was bedeutet es von da an noch, dass uns die Handlungen, die Empfindungen dieser Wesen einer neuen Gattung wie wirkliche erscheinen, denn wir haben sie zu den unseren gemacht, es ist in uns, wo sie sich vollziehen, wo sie die Schnelligkeit unseres Atmens und die Kraft unseres Blickes unter ihrer Kontrolle halten, während wir fiebernd die Seiten unseres Buches umwenden. Und hat uns der Schriftsteller erst einmal in diesen Zustand versetzt, in dem, wie in allen rein innerlichen Zuständen, jede Empfindung zehnfach verstärkt wird, in dem sein Buch uns nach Art eines Traumes beunruhigt, eines Traumes jedoch, der klarer ist als diejenigen in unserem Schlaf und dessen Erinnerung länger anhalten wird, dann ist es so weit, dass er innerhalb einer Stunde alle nur denkbaren Freuden und Leiden in uns entfesselt, die es uns im wirklichen Leben Jahre kosten würden, um nur einige davon kennen zu lernen, und deren eindringlichste uns niemals offenbart werden würden, weil sie sich durch die Langsamkeit, mit der sie sich vollziehen, unserer Wahrnehmung verweigern (ebenso wandelt sich unser Herz im Laufe des Lebens, und das ist der schlimmste Schmerz; doch diesen erkennen wir nur aus der Lektüre, in der Vorstellung: In der Wirklichkeit wandelt es sich, wie sich bestimmte Naturerscheinungen vollziehen, langsam genug, dass uns, auch wenn wir jeden einzelnen seiner verschiedenen Zustände nacheinander feststellen können, das Gefühl der Veränderung selbst erspart geblieben ist).

Meinem Körper schon weniger verinnerlicht als das Leben dieser Personen, kam dann die halb vor mich hinprojizierte Landschaft, in der sich die Handlung vollzog und die auf mein Denken einen viel größeren Einfluss ausübte als jene andere, die ich vor meinen Augen hatte, wenn ich sie vom Buch erhob. So habe ich zwei Sommer lang, in der Hitze des Gartens von Combray, wegen des Buches, das ich damals las, Sehnsucht nach einer bergigen, von Gewässern belebten Landschaft gehabt, in der ich viele Sägewerke sehen würde und in der am Grund des klaren Wassers Holzstückchen unter Kressekissen vermoderten; nicht weit entfernt hingen entlang niedriger Mauern Trauben violetter und rötlicher Blüten. Und da der Traum von einer Frau, die mich lieben würde, immer in meinen Gedanken gegenwärtig war, wurde dieser Traum in jenen Sommern von der Frische des dahinfließenden Wassers durchtränkt; und an was für eine Frau ich auch immer dachte, die violetten und rötlichen Blütentrauben erhoben sich unvermeidlich zu ihren beiden Seiten wie komplementäre Farben.

Das lag nicht nur daran, dass ein Bild, von dem wir träumen, immer von dem Widerschein der fremdartigen Farben, mit denen wir es in unserem Traum zufällig umgeben, gekennzeichnet, verschönt und bereichert bleibt; denn die Landschaften in den Büchern, die ich las, waren für mich nichts weiter als Landschaften, die sich zwar viel lebhafter in meiner Vorstellung abzeichneten als die, die Combray mir vor Augen führte, die aber doch die gleichen hätten sein können. Durch die Auswahl, die der Autor unter ihnen traf, und das Vertrauen, mit dem mein Denken seinen Worten vorauseilte wie einer Erleuchtung, erschienen sie mir – ein Eindruck, den mir die Gegend, in der ich mich befand, niemals vermittelt hatte, und schon lange nicht unser Garten, dieses konturlose Erzeugnis der ordnungsbesessenen Willkür des Gärtners, den meine Großmutter verabscheute – als ein wirkliches Stück der Natur selbst, wert, untersucht und erforscht zu werden.

Hätten mir meine Eltern erlaubt, die Gegend zu besuchen, die mein Buch beschrieb, so hätte ich geglaubt, einen ungeheuren Schritt hin zur Eroberung der Wahrheit zu machen. Denn wenn man das Gefühl hat, immer von seiner Seele umgeben zu sein, so ist das nicht wie in einem unbeweglichen Gefängnis; vielmehr wird man geradezu mit ihr davongetragen in einem ewigen Drang, sie zu überwinden, nach draußen zu gelangen, aber auch mit einer gewissen Entmutigung, denn man hört ständig um sich jenen gleichen Klang, der nicht das Echo von draußen ist, sondern der Widerhall einer inneren Schwingung. Man versucht in den Dingen, die dadurch wertvoll geworden sind, den Abglanz wiederzufinden, den unsere Seele auf sie geworfen hat, man ist enttäuscht, wenn man feststellt, dass sie in der Natur jenes Reizes zu entbehren scheinen, den sie der Nachbarschaft bestimmter Ideen in unserem Denken verdankten; manchmal verwandeln wir alle Kräfte dieser Seele in Fähigkeiten und in Glanz, um auf Wesen einzuwirken, von denen wir sehr wohl spüren, dass sie sich außerhalb von uns befinden und dass wir sie niemals erreichen werden. Wenn ich mir also immer die Frau, die ich liebte, von den Stätten umgeben vorstellte, nach denen ich mich am meisten sehnte, wenn ich mir wünschte, dass sie es sei, die sie mir zeigte, die mir den Zugang zu einer unbekannten Welt eröffnete, so geschah das nicht einfach aus einer zufälligen Gedankenverbindung heraus; nein, vielmehr waren meine Träume von Reisen und Liebe nur Momente – die ich heute künstlich unterscheide, als legte ich in verschiedenen Höhen Querschnitte an eine irisierende und scheinbar stillstehende Wasserfontäne an – in einem gleichartigen, unbezwingbaren Hervorschießen aller meiner Lebenskräfte.

Und schließlich finde ich, wenn ich die gleichzeitig nebeneinander in meinem Bewusstsein vorhandenen Daseinszustände weiter von innen nach außen verfolge und bevor ich an den realen Horizont gelange, der sie umschloss, Vergnügungen einer anderen Art, nämlich die, gemütlich zu sitzen, den angenehmen Geruch der Luft wahrzunehmen, nicht durch einen Besuch gestört zu werden; und das Vergnügen, wenn vom Glockenturm von Saint-Hilaire eine Stunde schlug, Stück für Stück die schon verbrauchten Teile des Nachmittags fallen zu hören, bis ich dann den letzten Glockenschlag hören würde, der es mir gestattete, die Summe zu ziehen, und nach dem mit dem langen Schweigen, das ihm folgte, im Blau des Himmels die Frist, die mir zum Lesen noch zur Verfügung stand, neu zu beginnen schien, bis zu dem reichen Abendessen, das Françoise bereitete und bei dem ich mich von der Erschöpfung, die mich während der Lektüre bei der Verfolgung ihres Helden erfasst hatte, würde erholen können. Von jeder Stunde kam es mir vor, als hätte die vorangehende gerade eben erst geläutet; die letzte schrieb sich direkt neben ihre Vorgängerin in den blauen Himmel, und ich konnte gar nicht glauben, dass sechzig Minuten in dem kleinen blauen Bogen enthalten sein sollten, der zwischen ihren goldenen Markierungen eingefasst war. Manchmal schlug sogar eine voreilige Stunde zwei Schläge mehr als die letzte; es musste also eine geben, die ich gar nicht gehört hatte, etwas, das stattgefunden haben musste, hatte für mich nicht stattgefunden; die Spannung der Lektüre, magisch wie ein tiefer Schlaf, hatte meine Ohren mit einer Täuschung verzaubert und die goldene Stunde von der azurnen Fläche des Schweigens gelöscht. Ihr wunderbaren Sonntagnachmittage unter dem Kastanienbaum im Garten von Combray!, durch mich sorgsam von allen banalen Geschehnissen meines persönlichen Daseins befreit und durch ein Leben der Abenteuer und ungekannter Sehnsüchte inmitten eines von Wasserläufen benetzten Landes angefüllt, ihr erweckt jenes Leben wieder, wenn ich an euch denke, und ihr enthaltet es ja auch wirklich, da ihr es unmerklich umflossen und – während ich in meiner Lektüre fortschritt und die Hitze des Tages sich legte – im langsam sich wandelnden, von Blattwerk durchzogenen Kristall der Abfolge eurer schweigenden, tönenden, duftenden, lauteren Stunden eingeschlossen habt.

Marcel Proust: *Auf der Suche nach der verlorenen Zeit.* Bd. 1: *Auf dem Weg zu Swann.* Übers. und mit Anm. von Bernd-Jürgen Fischer. Stuttgart: Reclam, 2013. S. 119–126.

Madame Bovary

Emma Bovary ist die vermutlich berühmteste Leserin der Literaturgeschichte. Der französische Schriftsteller Gustave Flaubert (1821–1880) hat mit seiner *Madame Bovary* (1856) eine Figur erschaffen, die von einem so exzentrischen Lesehunger befallen ist, dass eine Krankheit nach ihr benannt wurde: der »Bovarysmus«. Emma verschlingt, getrieben von einer Sucht nach Leben, Ruhm, Grandiosität, Exotik, Unsterblichkeit, großer Liebe und Abenteuer, einen Kitschroman nach dem anderen. Sie liest aus purem Eskapismus. Mit seinem Erstling hat Flaubert das Genre des modernen Romans, wie wir ihn heute kennen, erfunden und gleichzeitig einen höchst populären Bestseller geschrieben. Stilistisch, sprachlich und in seinem Aufbau, Klang und Rhythmus ist *Madame Bovary* mit unglaublicher Perfektion gearbeitet. Fünf Jahre hat Flaubert an diesem ungeschminkten Porträt einer Frau und ihrer Leidenschaft gefeilt und ein Werk von enormer Radikalität und hohem künstlerischem Wert geschaffen. Das Leben der Emma Bovary wäre vielleicht anders verlaufen, wenn sie einen Roman von Flaubert gelesen hätte.

Es gab im Kloster eine alte Jungfer, die alle vier Wochen auf acht Tage kam und in der Wäschekammer arbeitete. Sie stand unter erzbischöflichem Schutz, weil sie einer alten, durch die Revolution verarmten Adelsfamilie angehörte; sie saß im Refektorium am Tisch der frommen Schwestern und hielt mit ihnen nach dem Essen ein Plauderstündchen, ehe sie wieder an ihre Arbeit ging. Oft stahlen sich die Klosterschülerinnen aus der Arbeitsstunde fort und suchten sie auf. Sie kannte galante Liedchen aus dem vorigen Jahrhundert und sang sie halblaut vor, während sie ihre Nadel betätigte. Sie erzählte Geschichten, wusste Neuigkeiten zu berichten, übernahm Besorgungen in der Stadt und lieh den Großen heimlich Romane, die sie immer in den Schürzentaschen bei sich trug und aus denen das gute Fräulein selber in den Pausen ihrer Tätigkeit ein paar lange Kapitel verschlang. Es wimmelte darin von Liebschaften, Liebhabern, Geliebten, verfolgten Damen, die in einsamen Gartenhäusern ohnmächtig, von Postillionen, die an jeder Poststation ermordet, von Rossen, die auf jeder Buchseite zuschanden geritten wurden, von düsteren Wäldern, Herzenswirrnissen, Schwüren, Seufzern, Tränen und Küssen, Gondelfahrten bei Mondschein, Nachtigallen im Gebüsch, von Edelherren, die tapfer wie die Löwen und sanft wie Lämmer waren, dabei maßlos tugendhaft, immer köstlich gekleidet und ungemein tränenselig. Ein halbes Jahr lang beschmutzte sich die fünfzehnjährige Emma die Finger mit diesem Staub alter Leihbüchereien. Später berauschte sie sich mit Walter Scott an historischen Gegenständen, träumte von Truhen, vom Saal der Wachen und Minnesängern. Am liebsten hätte sie auf einem alten Herrensitz gelebt, wie jene Schlossherrinnen im langmiedrigen Gewand, die unter Kleeblattfensterbogen ihre Tage hinbrachten, die Ellbogen auf dem Stein und das Kinn in der Hand, um aus der Ferne der Landschaft einen Ritter mit weißer Feder auf schwarzem Ross herangaloppieren zu sehen. Sie trieb zu jener Zeit einen Kult mit Maria Stuart und verehrte enthusiastisch alle berühmten oder unglücklichen Frauen. Jeanne d'Arc, Héloïse, Agnes Sorel, die schöne Helmschmiedin und Clémence Isaure lösten sich für sie wie Kometen aus den ungeheuerlichen Finsternissen der Weltgeschichte, aus denen auch noch hie und da, jedoch verlorener im Dunkel und ohne jede Beziehung untereinander, der heilige Ludwig mit seiner Eiche, der sterbende Bayard, einige Grausamkeiten Ludwigs XI., ein bisschen Bartholomäus-Nacht, der Helmbusch des Béarners hervortraten, und stets die Erinnerung an die bemalten Teller mit der Verherrlichung Ludwigs XIV.

In den Romanzen, die sie in den Musikstunden sang, war immer nur von Englein mit goldenen Flügeln die Rede, von Madonnen, Lagunen, Gondolieren; es waren harmlose Kompositionen, die sie, durch die Albernheit des Stils und die Dummheit der Melodien hindurch, die verlockende Phantasmagorie sentimentaler Wirklichkeiten erblicken ließen. Einige ihrer Kameradinnen brachten lyrische Almanache mit ins Kloster, die sie als Neujahrsgeschenke bekommen hatten. Sie mussten versteckt werden, und das war dabei die Hauptsache; gelesen wurden sie im Schlafsaal. Emma nahm die schönen Atlasbände behutsam in die Hand und ließ sich von den Namen der unbekannten Dichter blenden, die ihre Beiträge meist als Grafen oder Vicomtes gezeichnet hatten.

Sie zitterte, wenn sie das Seidenpapier von den Kupferstichen hochblies; es bauschte sich dann zur Hälfte auf und sank sanft wieder auf die Buchseite zurück. Da war hinter der Balustrade eines Balkons ein junger Mann in kurzem Mantel abgebildet, der ein weißgekleidetes junges Mädchen mit einer Tasche am Gürtel an sich drückte; oder die Bildnisse ungenannter englischer Ladies mit blonden Locken, die den Betrachter unter ihren runden Strohhüten mit ihren großen, hellen Augen anschauten.

Es waren auch in Wagen Geschmiegte zu sehen, die durch Parks fuhren, wobei ein Windspiel vor dem Gespann hersprang, das von zwei kleinen Grooms in weißen Kniehosen gelenkt wurde. Andere träumten auf Sofas, hatten neben sich entsiegelte Briefchen liegen und himmelten durch einen halb offenen, halb gerafften schwarzen Vorhang hindurch den Mond an. Unschuldslämmer, eine Träne auf der Wange, schnäbelten zwischen den Gitterstäben eines gotischen Käfigs hindurch mit einer Turteltaube oder zerzupften, den Kopf lächelnd auf die Schulter geneigt, mit ihren langen, spitzen Fingern, die nach oben gebogen waren wie Schnabelschuhe, eine Margerite. Und es waren auch Sultane mit langen Pfeifen zu sehen, die unter Lauben in den Armen von Bajaderen vor Wonne vergingen; Giaure, Türkensäbel, phrygische Mützen und vor allem fade Landschaften aus dithyrambisch gepriesenen Gegenden, auf denen man oftmals friedlich nebeneinander Palmen und Fichten sah, Tiger zur Rechten, einen Löwen zur Linken, in der Ferne tatarische Minaretts, im Vordergrund römische Ruinen, dazwischen lagernde Kamele all das eingerahmt von einem sorglich gepflegten Urwald, und dazu ein dicker, senkrechter Sonnenstrahl, der im Wasser zitterte, wo sich in heller Schraffierung auf stahlgrauem Grund hier und da schwimmende Schwäne abhoben.

Und das matte Licht der Schirmlampe, die über Emmas Kopf an der Wand hing, beleuchtete alle diese weltlichen Bilder, die eins nach dem andern an ihr vorüberzogen in der Stille des Schlafsaals beim fernen Geräusch einer verspäteten Droschke, die noch über die Boulevards rollte.

Gustave Flaubert: *Madame Bovary. Sittenbild aus der Provinz.* Aus dem Franz. übers. von Ilse Perker und Ernst Sander. Nachw. von Manfred Hardt. Stuttgart: Reclam, 2016. S. 47–49.

Jane Eyre

Jane Eyre ist der Inbegriff der englischen Gouvernante, die alle Widrigkeiten und Zumutungen des Lebens stoisch erträgt und ihren Weg unbeirrt geht. Charlotte Brontë (1816–1855) hat diesen Klassiker der viktorianischen Romanliteratur des 19. Jahrhunderts im Alter von knapp dreißig Jahren verfasst. Geboren als drittältestes von sechs Pfarrerskindern, von denen die beiden ältesten nicht älter als zehn Jahre wurden, entwickelte sie in der Abgeschiedenheit und Eintönigkeit der kargen Landschaft Yorkshires eine enorme Vorstellungskraft, der sie in zusammen mit ihren Geschwistern ausgedachten Phantasiegeschichten freien Lauf lassen konnte. Die Kindheit ihrer Jane war hingegen weniger anregend – geprägt von einer herzlosen Tante und einer traurigen Zeit in einem Heim mit fast grausam strengen Benimmregeln und Forderungen nach bedingungsloser Unterordnung. Dann wurde das Mädchen hinaus in die Welt geschickt, um als Hausangestellte ihr Glück zu finden. Das bedeutete ebenfalls klaglosen Gehorsam. Kein Wunder, dass Bücher da ein Lichtblick waren, für Jane Eyre wie für alle, die wenig besaßen, aber lesen konnten. Und ebenfalls wenig erstaunlich, dass Frauen, denen Abenteuer aller Art untersagt waren, sich zu den fleißigsten Leserinnen entwickelten. Hier konnten sie ferne Länder bereisen, wilde ungewöhnliche Tiere beobachten und stürmische Wetterlagen überstehen. Der Roman *Jane Eyre* wurde 1847 veröffentlicht – unter männlichem Pseudonym.

Neben dem Salon lag ein kleines Frühstückszimmer. Dort schlüpfte ich hinein. In dem Raum befand sich ein Bücherschrank. Bald nahm ich mir einen Band heraus, wobei ich darauf achtete, dass es einer mit Bildern war. Ich kletterte auf die Bank in der Fensternische, zog meine Füße hoch und ließ mich im Schneidersitz darauf nieder, und nachdem ich den roten Moiré-vorhang fast ganz zugezogen hatte, fühlte ich mich in meinem Zufluchtsort doppelt geschützt.

Falten des scharlachroten Stoffes versperrten mir die Sicht nach rechts; zu meiner Linken schützten mich die blanken Fensterscheiben vor dem trostlosen Novembertag, ohne mich indes völlig von ihm zu trennen, und wenn ich die Seiten meines Buches umblätterte, vertiefte ich mich von Zeit zu Zeit in den Anblick, den jener Winternachmittag bot. Die Ferne verlor sich in einem fahlen Nichts aus Nebel und Wolken; unmittelbar vor mir lagen der nasse Rasen und das sturmgepeitschte Gebüsch, über das der Regen, von langen, aufheulenden Windstößen angetrieben, unaufhörlich und heftig hinwegfegte.

Ich wandte mich wieder meinem Buch zu – Bewicks *Britischer Vogelkunde*. Um den Text kümmerte ich mich im Allgemeinen recht wenig, doch gab es ein paar Seiten, die ich selbst als Kind nicht einfach überspringen konnte. Es handelte sich um die Einleitung, in der von den Schlupfwinkeln der Seevögel die Rede war; von den »einsamen Felsen und Klippen«, die einzig und allein von diesen bevölkert werden; von der Küste Norwegens, die von ihrem südlichsten Punkt, dem Kap Lindesnes oder Naze, bis zum Nordkap mit Inseln übersät ist und

Wo das Nordmeer in unermesslichen Strudeln
die nackten Felsen des fernen Thule brodelnd umtost;
wo die mächt'gen atlantischen Wogen sich Bahn brechen
zwischen den sturmgepeitschten Hebriden.

Auch fesselte mich die Schilderung der rauen Küsten Lapplands, Sibiriens, Spitzbergens, Novaja Semljas, Islands und Grönlands mit »dem unendlichen Gebiet der arktischen Zone und jenen einsamen Regionen trostloser Weite – jenem riesigen Speicher von Frost und Schnee, wo ewiges Eis, von Wintern in Jahrhunderten zu hohen Bergen aufgetürmt, den Pol umgibt und die vielfältigen Unbilden strengster Kälte sich vereinigen«. Von diesem toten weißen Reich habe ich mir meine eigene Vorstellung gebildet: Unwirklich und schattenhaft war sie, wie alle die nur halb verstandenen Begriffe, die vage durch Kinderköpfe geistern, aber ungewöhnlich packend und eindrucksvoll. Die Worte dieser einleitenden Seiten verbanden sich mit den nachfolgenden Abbildungen und gaben dem einsam aus einem Meer von Wogen und Gischt aufragenden Felsen ebenso seine Bedeutung wie dem auseinandergebrochenen Schiff, das an einer verlassenen Küste gestrandet war, und dem kalten, gespenstischen Mond, der zwischen Wolkenbändern hindurch auf ein sinkendes Wrack herabblickt.

Ich kann die Stimmung nicht beschreiben, die über dem verlassenen Kirchhof lag mit seinem beschrifteten Grabstein, seinem Tor, den beiden Bäumen, dem niedrigen, von einer verfallenen Mauer umgürteten Horizont und der eben erst aufgegangenen Mondsichel, die den Anbruch der Nacht ankündigte.

Die beiden draußen auf dem Meer in eine Flaute geratenen Schiffe kamen mir wie Seeungeheuer vor.

Den Unhold, der die Diebesbeute auf dem Rücken festhält, überblätterte ich rasch: Er flößte mir Schrecken ein – wie auch das schwarze gehörnte Wesen, das etwas abseits auf einem Felsen saß und eine Menschenansammlung beobachtete, die sich in einiger Entfernung um einen Galgen drängte.

Jedes Bild erzählte eine Geschichte, geheimnisvoll oft für mein noch unentwickeltes Begriffsvermögen und mein kindliches Empfinden, doch stets äußerst fesselnd – so fesselnd wie die Geschichten, die Bessie zuweilen an Winterabenden erzählte, wenn sie gerade einmal gut gelaunt war. Dann stellte sie ihren Bügeltisch vor den Kamin im Kinderzimmer, ließ uns darum herum sitzen, und während sie Mrs. Reeds Spitzenrüschen bügelte und steifte und die Borten ihrer Nachthaube kräuselte, fütterte sie unsere lebhafte Phantasie mit Geschichten von Liebe und Abenteuer, die aus alten Märchen oder noch älteren Balladen stammten oder (wie ich später entdeckte) aus *Pamela* und *Heinrich, Graf von Moreland.*

Mit Bewick auf den Knien war ich damals glücklich, zumindest glücklich auf meine Art. Ich fürchtete nichts weiter, als gestört zu werden […].

Charlotte Brontë: *Jane Eyre. Eine Autobiografie*. Übers. und mit einem Nachw. von Ingrid Rein. Stuttgart: Reclam, 1990. S. 6–8.

Spannung zwischen zwei Buchdeckeln

RAINER MARIA RILKE

KURT TUCHOLSKY

VIRGINIA WOOLF

Die Aufzeichnungen des Malte Laurids Brigge

Bei den *Aufzeichnungen des Malte Laurids Brigge* (1910) von Rainer Maria Rilke (1875–1926) wird immer wieder gerätselt, ob es sich dabei um ein Selbstporträt handelt oder um eine ganz und gar erfundene, vom Autor losgelöste Figur. Man darf nie den Fehler machen, solche Texte mit Notat-Charakter, in denen Reiseeindrücke, Erlebnisse oder Lesefrüchte wie ein Kaleidoskop entfaltet werden, als eine Eintrittspforte zur Biographie des Urhebers zu betrachten. In diesem Fall gibt es aber einen Brief an die Schriftstellerin Lou Andreas-Salomé (1861–1937) – mit der Rilke erst eine überwältigende Liebe, anschließend eine intensive Freundschaft verband –, in dem Rilke seinen *Malte* als »aus meinen Gefahren gemacht« bezeichnet und überlegt, ob er mit den Aufzeichnungen in die Strömung geraten ist, die ihn »wegreißt und hinübertreibt«.

Mit dem Hinweis »ein anderer Dichter«, in dessen Lektüre Rilke seinen Helden in der Bibliothèque Nationale so trostreich und erhebend sich versenken lässt, ist übrigens Francis Jammes (1868–1938) gemeint, jener französische Dichter, der die heimatlichen Pyrenäen nie verließ und von seinem Fenster aus so vieles zu entdecken und eine reiche Erlebniswelt zu entfalten wusste. Mitunter reichen eben ein Fenster oder ein Buch, um die schönsten Abenteuer zu erleben.

Bibliothèque Nationale.

Ich sitze und lese einen Dichter. Es sind viele Leute im Saal, aber man spürt sie nicht. Sie sind in den Büchern. Manchmal bewegen sie sich in den Blättern, wie Menschen, die schlafen und sich umwenden zwischen zwei Träumen. Ach, wie gut ist es doch, unter lesenden Menschen zu sein. Warum sind sie nicht immer so? Du kannst hingehen zu einem und ihn leise anrühren: Er fühlt nichts. Und stößt du einen Nachbar beim Aufstehen ein wenig an und entschuldigst dich, so nickt er nach der Seite, auf der er deine Stimme hört, sein Gesicht wendet sich dir zu und sieht dich nicht, und sein Haar ist wie das Haar eines Schlafenden. Wie wohl das tut. Und ich sitze und habe einen Dichter. Was für ein Schicksal. Es sind jetzt vielleicht dreihundert Leute im Saale, die lesen; aber es ist unmöglich, dass sie jeder einzelne einen Dichter haben. (Weiß Gott, was sie haben.) Dreihundert Dichter gibt es nicht. Aber sieh nur, was für ein Schicksal, ich, vielleicht der armseligste von diesen Lesenden, ein Ausländer: Ich habe einen Dichter. Obwohl ich arm bin. Obwohl mein Anzug, den ich täglich trage, anfängt, gewisse Stellen zu bekommen, obwohl gegen meine Schuhe sich das und jenes einwenden ließe. Zwar mein Kragen ist rein, meine Wäsche auch, und ich könnte, wie ich bin, in eine beliebige Konditorei gehen, womöglich auf den großen Boulevards, und könnte mit meiner Hand getrost in einen Kuchenteller greifen und etwas nehmen. Man würde nichts Auffälliges darin finden und mich nicht schelten und hinausweisen, denn es ist immerhin eine Hand aus den guten Kreisen, eine Hand, die vier- bis fünfmal täglich gewaschen wird. Ja, es ist nichts hinter den Nägeln, der Schreibfinger ist ohne Tinte, und besonders die Gelenke sind tadellos. Bis dorthin waschen arme Leute sich nicht, das ist eine bekannte Tatsache. Man kann also aus ihrer Reinlichkeit gewisse Schlüsse ziehen. Man zieht sie auch. In den Geschäften zieht man sie. Aber es gibt doch ein paar Existenzen, auf dem Boulevard Saint-Michel zum Beispiel und in der rue Racine, die lassen sich nicht irremachen, die pfeifen auf die Gelenke. Die sehen mich an und wissen es. Die wissen, dass ich eigentlich zu ihnen gehöre, dass ich nur ein bisschen Komödie spiele. Es ist ja Fasching. Und sie wollen mir den Spaß nicht verderben; sie grinsen nur so ein bisschen und zwinkern mit den Augen. Kein Mensch hat's gesehen. Im Übrigen behandeln sie mich wie einen Herrn. Es muss nur jemand in der Nähe sein, dann tun sie sogar untertänig. Tun, als ob ich einen Pelz anhätte und mein Wagen hinter mir herführe. Manchmal gebe ich ihnen zwei Sous und zittere, sie könnten sie abweisen; aber sie nehmen sie an. Und es wäre alles in Ordnung, wenn sie nicht wieder ein wenig gegrinst und gezwinkert hätten. Wer sind diese Leute? Was wollen sie von mir? Warten sie auf mich? Woran erkennen sie mich? Es ist wahr, mein Bart sieht etwas vernachlässigt aus, und ein ganz, ganz klein wenig erinnert er an ihre kranken, alten, verblichenen Bärte, die mir immer Eindruck gemacht haben. Aber habe ich nicht das Recht, meinen Bart zu vernachlässigen? Viele beschäftigte Menschen tun das, und es fällt doch niemandem ein, sie deshalb gleich zu den Fortgeworfenen zu zählen. Denn das ist mir klar, dass das die Fortgeworfenen sind, nicht nur Bettler; nein, es sind eigentlich keine Bettler, man muss Unterschiede machen. Es sind Abfälle, Schalen von Menschen, die das Schicksal ausgespien hat. Feucht vom Speichel des Schicksals kleben sie an einer Mauer, an einer Laterne, an einer Plakatsäule, oder sie rinnen langsam die Gasse herunter mit einer dunklen, schmutzigen Spur hinter sich her. Was in aller Welt wollte diese Alte von mir, die, mit einer Nachttischschublade, in der einige Knöpfe und Nadeln herumrollten, aus irgendeinem Loch herausgekrochen war? Weshalb ging sie immer neben mir und beobachtete mich? Als ob sie versuchte, mich zu erkennen mit ihren Triefaugen, die aussahen, als hätte ihr ein Kranker grünen Schleim in die blutigen Lider gespuckt. Und wie kam damals jene graue, kleine Frau dazu, eine Viertelstunde lang vor einem Schaufenster an meiner Seite zu stehen, während sie mir einen alten, langen Bleistift zeigte, der unendlich langsam aus ihren schlechten, geschlossenen Händen sich herausschob. Ich tat, als betrachtete ich die ausgelegten Sachen und merkte nichts. Sie aber wusste, dass ich sie gesehen hatte, sie wusste, dass ich stand und nachdachte, was sie eigentlich täte. Denn dass es sich nicht um den Bleistift handeln konnte, begriff ich wohl: Ich fühlte, dass das ein Zeichen war, ein Zeichen für Eingeweihte, ein Zeichen, das die Fortgeworfenen kennen; ich ahnte, sie bedeutete mir, ich müsste irgendwohin kommen oder etwas tun. Und das Seltsamste war, dass ich immerfort das Gefühl nicht los wurde, es bestünde tatsächlich eine gewisse Verabredung, zu der dieses Zeichen gehörte, und diese Szene wäre im Grunde etwas, was ich hätte erwarten müssen.

Das war vor zwei Wochen. Aber nun vergeht fast kein Tag ohne eine solche Begegnung. Nicht nur in der Dämmerung, am Mittag in den dichtesten Straßen geschieht es, dass plötzlich ein kleiner Mann oder eine alte Frau da ist, nickt, mir etwas zeigt und wieder verschwindet, als wäre nun alles Nötige getan. Es ist möglich, dass es ihnen eines Tages einfällt, bis in meine Stube zu kommen, sie wissen bestimmt, wo ich wohne, und sie werden es schon einrichten, dass der Concierge sie nicht aufhält. Aber hier, meine Lieben, hier bin ich sicher vor euch. Man muss eine beson-

dere Karte haben, um in diesen Saal eintreten zu können. Diese Karte habe ich vor euch voraus. Ich gehe ein wenig scheu, wie man sich denken kann, durch die Straßen, aber schließlich stehe ich vor einer Glastür, öffne sie, als ob ich zuhause wäre, weise an der nächsten Tür meine Karte vor (ganz genau wie ihr mir eure Dinge zeigt, nur mit dem Unterschiede, dass man mich versteht und begreift, was ich meine –), und dann bin ich zwischen diesen Büchern, bin euch weggenommen, als ob ich gestorben wäre, und sitze und lese einen Dichter.

Ihr wisst nicht, was das ist, ein Dichter? – Verlaine … Nichts? Keine Erinnerung? Nein. Ihr habt ihn nicht unterschieden unter denen, die ihr kanntet? Unterschiede macht ihr keine, ich weiß.

Aber es ist ein anderer Dichter, den ich lese, einer, der nicht in Paris wohnt, ein ganz anderer. Einer, der ein stilles Haus hat im Gebirge. Der klingt wie eine Glocke in reiner Luft. Ein glücklicher Dichter, der von seinem Fenster erzählt und von den Glastüren seines Bücherschrankes, die eine liebe, einsame Weite nachdenklich spiegeln. Gerade der Dichter ist es, der ich hätte werden wollen; denn er weiß von den Mädchen so viel, und ich hätte auch viel von ihnen gewusst. Er weiß von Mädchen, die vor hundert Jahren gelebt haben; es tut nichts mehr, dass sie tot sind, denn er weiß alles. Und das ist die Hauptsache. Er spricht ihre Namen aus, diese leisen, schlankgeschriebenen Namen mit den altmodischen Schleifen in den langen Buchstaben und die erwachsenen Namen ihrer älteren Freundinnen, in denen schon ein klein wenig Schicksal mitklingt, ein klein wenig Enttäuschung und Tod. Vielleicht liegen in einem Fach seines Mahagonischreibtisches ihre verblichenen Briefe und die gelösten Blätter ihrer Tagebücher, in denen Geburtstage stehen, Sommerpartien, Geburtstage. Oder es kann sein, dass es in der bauchigen Kommode im Hintergrunde seines Schlafzimmers eine Schublade gibt, in der ihre Frühjahrskleider aufgehoben sind; weiße Kleider, die um Ostern zum ersten Mal angezogen wurden, Kleider aus getupftem Tüll, die eigentlich in den Sommer gehören, den man nicht erwarten konnte. O was für ein glückliches Schicksal, in der stillen Stube eines ererbten Hauses zu sitzen unter lauter ruhigen, sesshaften Dingen und draußen im leichten, lichtgrünen Garten die ersten Meisen zu hören, die sich versuchen, und in der Ferne die Dorfuhr. Zu sitzen und auf einen warmen Streifen Nachmittagssonne zu sehen und vieles von vergangenen Mädchen zu wissen und ein Dichter zu sein. Und zu denken, dass ich auch so ein Dichter geworden wäre, wenn ich irgendwo hätte wohnen dürfen, irgendwo auf der Welt, in einem von den vielen verschlossenen Landhäusern, um die sich niemand bekümmert.

Ich hätte ein einziges Zimmer gebraucht (das lichte Zimmer im Giebel). Da hätte ich drinnen gelebt mit meinen alten Dingen, den Familienbildern, den Büchern. Und einen Lehnstuhl hätte ich gehabt und Blumen und Hunde und einen starken Stock für die steinigen Wege. Und nichts sonst. Nur ein Buch in gelbliches, elfenbeinfarbiges Leder gebunden mit einem alten blumigen Muster als Vorsatz: Dahinein hätte ich geschrieben. Ich hätte viel geschrieben, denn ich hätte viele Gedanken gehabt und Erinnerungen von Vielen.

Aber es ist anders gekommen, Gott wird wissen, warum. Meine alten Möbel faulen in einer Scheune, in die ich sie habe stellen dürfen, und ich selbst, ja, mein Gott, ich habe kein Dach über mir, und es regnet mir in die Augen.

Rainer Maria Rilke: *Die Aufzeichnungen des Malte Laurids Brigge*. Hrsg. und komm. von Manfred Engel. Stuttgart: Reclam, 1997. S. 35–40.

Die letzte Seite

Der berühmte Publizist Kurt Tucholsky (1890–1935) war ein Autor mit vielen Pseudonymen: Peter Panther, Theobald Tiger, Kaspar Hauser, Ignaz Wrobel sind die bekanntesten. Doch egal unter welchem Namen, er schrieb nicht nur scharfsinnige Satiren, sondern auch bezaubernde Liebesgeschichten – nach seiner Novelle *Rheinsberg* (1912) wurde sozusagen »vom Blatt geliebt«. Sein fast 20 Jahre später erschienener Roman *Schloss Gripsholm* (1931) war Anfang der 30er Jahre des vergangenen Jahrhunderts sicherlich auch ein Fluchtversuch aus dem zunehmend bedrohlichen und düsterer werdenden Deutschland.

Tucholsky war ein fleißiger Leser und Rezensent. Mitunter fragte er sich allerdings erschöpft, wer um Himmels Willen denn das alles lesen solle, was da in den Verlagen in den »großen Wurstkessel« geworfen werde. In einem Artikel marschiert er einmal quer durch ein riesiges Angebot.

Mein Beruf – ich bin Zweiter Leuchtturmwächter auf der kleinen Ostseeinsel Achnoe, und die Nächte sind lang – mein Beruf zwingt mich, viel und ausgiebig zu lesen. Um neue

Bücher ist mir nicht bange – die bekomme ich von meinem Freund, Herrn Andreas Portrykus, dem Nachtredakteur des ›Strahlförder Generalanzeigers‹ (mit Unfallversicherung). Er schenkt mir alle Rezensionsexemplare, und so lese ich Nacht für Nacht, alles durcheinander: Romane und Reisebeschreibungen und zarte, sinnige Geschichten aus edler Frauenhand, und was man eben so liest.

Und wenn der Wind an die dicken Scheiben stößt, wenn mein Burgunderpunsch auf dem Tisch dampft, der bräunliche Tabak knastert und ich alter Mann wieder einmal froh bin, diesen Posten ergattert zu haben –: Dann kommt es wohl vor, dass ich aus Zerstreutheit und guter Laune die Bücher von hinten zu lesen beginne, so, wie man aus einem Kuchen sich zuerst die Rosinen herausknabbert. Und da bin ich zu der Entdeckung gekommen, dass die Schlüsse all der vielen Bücher sich deutlich nach verschiedenen Arten gruppieren lassen. Es gibt Normalschlüsse, die immer wiederkehren: Der Autor mag vom Mond heruntergefallen sein, am Schlusse besinnt er sich doch auf sein edles Menschentum und redet deutsch.

Heute Nacht habe ich wieder vier Pfund Bücher gelesen – mir ist noch manches im Gedächtnis. Ich will es einmal versuchen.

Der Unterhaltungsroman, der Erfolg hat

»… Gefühlt habe ich es schon lange«, flüsterte Helene. »Aber du hast es mir erst ins Bewusstsein gebracht. Jetzt beginne ich erst wirklich zu leben.« – Edgar zog sie an sich …

So verrannen ihnen die Stunden, ohne dass sie es merkten. Dann schritten sie miteinander über das abendlich dämmernde Feld, auf dem sich der würzige Geruch der jungen Kartoffeln mit dem süßen Duft der Rosen mischte.

Edgar Helmenberg führte seine junge Braut in das Haus auf

dem Hügel. Der Mond ging auf. Er ergriff ihre Hand. »Siehst du den Mond?«, sagte er stark. »Ich aber will dir die Sonne geben!« – Und gebannt flüsterte sie: »Die Sonne!« –

Der Unterhaltungsroman, der keinen Erfolg hat

Es war alles aus. Kuno stand an den Scherben seines bescheidenen Glücks. Warum ihm das Unglück? Warum gerade ihm? Und die anderen? Ingrimmig ballte er die Fäuste – und ließ dann doch die Hände wieder sinken.

Da zogen sie hin; wie sie gelacht hatte, seine – ja seine! – Gertrud. Herr Doktor Holtzenheimer aber hatte Geld und war ein flotter Kerl ...

Die lange Liebe, die Werbungen so vieler Jahre – alles vergebens. Da brach er weinend zusammen und zerknickte die Rose in seiner Tasche ...

Professorale Reisebeschreibung

So endet diese meine schöne und lehrreiche Reise in das Sonnenland Ägypten. Sie hat mir viel Neues gezeigt und meinen Wissenskreis erweitert. Sie hat mir aber auch bewiesen, wie heutzutage der Deutsche überall wohlgelitten ist, wenn er nur seinen Platz an der Sonne verteidigt. Möge das Büchlein seinen Lesern Unterhaltung und anregende Belehrung gewähren, damit auch sie dereinst hinausziehen in das altehrwürdige Land des Nils und der Könige Ramses und Ramsenit!

Bemerkt mag noch werden, dass der auf Seite 154 erwähnte mittlere Fliegenpilz auch in Deutschland beobachtet worden ist. So hat nach einer Mitteilung Schaedlers im ›Geographischen Wochenblatt‹ ein Lehrer in Meißen einen solchen gefunden und auch bestimmt.

Die Moderne um 1900

»Seele«, flüsterte er. Dann knallte ein Schuss. Die aufgeschreckten Hausbewohner liefen durcheinander – – Schutzleute bahnten sich einen Weg durch die Menge. Der Mann im Hausflur war tot. Sein Blut sickerte durch den linken Ärmel auf den hellblau und grünlich karierten Steinfliesboden und verrann in Rinnseln in den staubigen Fugen …

Altes Buch

»Möge euch«, so schloss der Geistliche seine alle Anwesenden aufs Tiefste ergreifende Rede, »der liebe Gott den Bund segnen, den zwei so mächtige Familien miteinander durch ihre Kinder geschlossen haben!« –

Was soll ich noch viel erzählen? – Eduard und Kunigunde wurden ein glückliches, aber kinderreiches Paar; der alte Hader war begraben und vergessen. Draußen aber pfeift der Wächter schon die zwölfte Stunde, lass mich das Licht löschen, geneigter Leser! Gute Nacht! –

Das richtige Jungensbuch
(›Die Lagerfeuer in Kalifornien‹)

»Schurke!«, knirschte der Mestize. Ein Messer blitzte in seiner Hand – aber mit einem gewaltigen Schlage streckte ihn der alte Trapper nieder. Ein kurzes Röcheln – dann war alles vorbei.

Der alte Trapper geleitete die Karawane noch in die nächste große Stadt S., dann begab er sich wieder in seine Einöde zurück. »Einen Dank brauche ich nicht«, sagte er. »Ich habe nur getan, was rechtens war.«

Franz und Fräulein Armstrong, die Erbin des Goldfundes, wurden ein Paar und lebten glücklich und zufrieden.

Der Kellner Fritz bekam eine zuträgliche Stellung in San Francisco, die er heute noch innehat.

Von dem hinterhältigen Don Pedro hat kein Mensch mehr etwas gehört. Er blieb verschollen.

Der alte Indianer Hefrakorn aber erhielt das Gnadenbrot bei Krafts. Franz Kraft ist ein alter Mann geworden, und Kinder und Enkel umspielen seine Knie. Wenn er aber mit seiner immer noch schönen Frau, seinen Kindern und dem alten Indianer um den runden Tisch zusammensitzt, dann gedenken sie wohl noch oft der ›Lagerfeuer in Kalifornien‹.

Ja, wird stets der geneigte Leser nun sagen: Das ist ja alles sehr schön und nett – aber wie soll denn ein Buchschluss nun sein? Diese gefallen doch dem Herrn Leuchtturmwächter alle nicht …

Ich muss sagen, dass ich in meiner jetzt zwanzigjährigen Dienstzeit nur einmal einen wirklich guten, ehrlichen und motivierten Buchschluss gefunden habe. Er fand sich in einem Gedichtbüchlein ›Frühlingsstimmen‹ von Herrn Hugo Taubensee. Der Mann war – wie man aus dem beigehefteten Porträt sehen konnte – Postschaffner, aber auch Dichter, eine der so häufigen

Verbindungen von Geschäftsmann und Romantiker. Der Verleger war nur Geschäftsmann.

Diese ›Frühlingsstimmen‹ klangen folgendermaßen aus:

»Mitteilung an den Leser!

Die gesammelten Gedichte des Verfassers gehen in Wirklichkeit noch weiter. Weil ich aber nicht in der bemittelten Lage bin, weiteres Papier und auch die Druckkosten anzuschaffen, so sehe ich mich gezwungen, die Gedichte hier abzubrechen. Ich will aber, wenn der Absatz dieses Büchleins ein entsprechender ist, die ›Frühlingsstimmen‹ gern fortsetzen. Die Leser handeln also im eigenen Interesse, wenn sie das Buch fleißig kaufen und weiterempfehlen!«

Das heiß ich einen Schluss! Von jetzt an werde ich mich mehr den Anfängen zuwenden.

Kurt Tucholsky: »Die letzte Seite«. In: K. T.: *Gesammelte Werke in 10 Bänden.* Hrsg. von Mary Gerold-Tucholsky und Fritz J. Raddatz. Bd. 1: 1907–1918. Reinbek bei Hamburg: Rowohlt, 1960. S. 255–257.

Der gewöhnliche Leser

Obgleich Virginia Woolf (1882–1941) aus einer gebildeten Familie stammte, wurde ihr – anders als ihren Brüdern – eine akademische Ausbildung verwehrt. Doch ihr stand die Bibliothek ihres Vaters, des Biographen und Literaten Sir Leslie Stephen (1832–1904), zu eigenen Studien zur freien Verfügung. Dort entwickelte sie mit den Büchern, die sie vorfand, ihren eigenen Kanon der englischen Literaturgeschichte – eine hervorragende Voraussetzung also, um sich eine ganz eigenwillige, exzentrische Auffassung von Literatur anzueignen, die sie als Romanschriftstellerin weltberühmt machen sollte. Auch als geschmackssichere Literaturkritikerin wurde Virginia Woolf gefeiert.

Bücher bieten etwas, das hinausgeht über Geschlechterschranken, Hierarchien, Ständewesen, die auch in demokratischen Systemen durchaus existieren. Sie geben jedem Menschen, der lesen kann, die Chance, mehr aus seinem Leben zu machen. Sie stehen jedem sperrangelweit offen, der Freude hat am Lernen und an Erkenntnissen. Ob man den Geschmack, der Gutes von Schlechtem unterscheiden soll, wirklich erlernen kann, bleibt hingegen fraglich, zumindest wenn man die Irrtümer und Fehlurteile in der Geschichte der Literaturkritik betrachtet.

In Dr. Johnsons[1] Lebensbeschreibung von Gray[2] gibt es einen Satz, der sich als Inschrift für all die Räume eignete, die zu bescheiden sind, Bibliotheken zu heißen, aber doch voller Bücher stehen und in denen die Tätigkeit des Lesens von Privatpersonen betrieben wird. »... Ich freue mich, mit dem gewöhnlichen Leser im Einklang zu sein; denn von dem gesunden Menschenverstand der Leser, unverdorben durch literarische Vorurteile, muss, nach allem Raffinement an Subtilität und dem Dogmatismus der Gelehrsamkeit, letzten Endes über allen Anspruch auf poetische Ehren entschieden werden.« Der Satz umschreibt die Qualitäten dieser Leser; er gibt ihren Zielen Würde; er verleiht einer Tätigkeit, die sehr viel Zeit verschlingt und eigentlich doch nichts sehr Greifbares hinterlässt, Siegel und Beifall des großen Mannes.

Der gewöhnliche Leser, wie Dr. Johnson andeutet, unterscheidet sich vom Kritiker und vom Gelehrten. Er ist schlechter ausgebildet, und die Natur hat ihn nicht so reichlich mit ihren Gaben bedacht. Er liest mehr zum eigenen Vergnügen und kaum, um Wissen zu vermitteln oder die Ansichten anderer zu korrigieren. Vor allem wird er von einem Instinkt geleitet, aus allem Zufälligen, das ihm in die Hände fällt, eine Art Ganzes für sich zu erschaffen – das Bild eines Menschen, den Umriss einer Epoche, eine Theorie der Kunst des Schreibens. Während des Lesens hört er nie auf, einen schwanken und wackligen Bau zu errichten, der ihm die zeitweilige Befriedigung verschafft, dem wirklichen Gegenstand gerade so ähnlich zu sehen, dass Raum für Zuneigung ist, für Lachen und Auseinandersetzung. Eilig, ungenau und oberflächlich, bald nach diesem Gedicht hier, bald nach dem alten Möbel dort greifend, ohne sich darum zu kümmern, wo er es findet oder welcher Natur es sei, wenn es nur seinem Zwecke dient und sein Bauwerk vollendet, sind seine Mängel als Kritiker so offensichtlich, dass sie keiner Erwähnung bedürfen; wenn er aber, wie Dr. Johnson behauptet, bei der endgültigen Verteilung

poetischer Ehren ein Wort mitzureden hat, dann lohnt es vielleicht, einige der Ideen und Meinungen niederzuschreiben, die
zwar für sich genommen unbedeutend sind, aber doch ihr Teil zu
einem so gewaltigen Ergebnis beitragen.

---

1   Samuel Johnson (1709–1784) war maßgebender Kritiker des 18. Jahrhunderts,
Zeitschriftenherausgeber (*The Rambler*) und Dichter. Verfasser eines *Dictionary of
the English Language* (1755) und der *Lives of the English Poets*, einem Meilenstein in
der Entwicklung der literarischen Biographie und der Geschmacksbildung (1779–1781).

2   Thomas Gray (1716–1771), vor allem als Oden- und Elegiendichter berühmt
(*Elegy Written in a Country Churchyard*, 1751), Klassizist und zugleich Vorläufer der
Romantik.

Virginia Woolf: »Der gewöhnliche Leser«. In: V. W.: *Der gewöhnliche Leser.
Essays*. Bd. 1. Hrsg. von Klaus Reichert. Übers. von Hannelore Faden und
Helmut Viebrock. Frankfurt a. M.: S. Fischer, 1989. S. 7 f. – © 1989 S. Fischer
Verlag GmbH, Frankfurt a. M.

Alleine beim Lesen laut lachen

HENNING VENSKE

EGON FRIEDELL

PHILIPPE DELERM

HENNING VENSKE

Pupsi und der Tortenmord

Der 1939 in Stettin geborene Kabarettist Henning Venske nimmt uns mit auf einen Spaziergang durch die Kinder- und Jugendbuchliteratur, auf dem wir *Heidi*, das *Trotzköpfchen, Hanni und Nanni* und die berühmten *Fünf Freunde* treffen. Es ist ein literarischer Spaziergang, der nicht nur umwerfend komisch ist, sondern auch die Rollenbilder, die Miefigkeit und den triefenden Kitsch mancher Kinder- und Jugendbücher karikiert. Lernten wir nicht beim *Trotzkopf* (1885) oder bei *Pucki* (1935), dem Försterkind, dass ein wenig Rücksichtnahme einem jungen Frauenleben noch nie geschadet hat? Ich selbst wurde übrigens Annemarie genannt – nach dem Annemie gerufenen »Nesthäkchen« (1913), dem Lieblingsbuch meiner Mutter.

Henning Venske fängt nun das ungeheuer Verführerische dieser Art Jugendliteratur ein. Seine Sprache missachtet dabei in kühner Souveränität das Gebot des französischen Verlegers Georges Clemenceau (1841–1929): »Wenn Sie ein Adjektiv verwenden möchten, kommen Sie zu mir in den dritten Stock und fragen, ob es nötig ist.« Venskes Heldin ist Frau Dr. Magda Schneider-Bleiten, in der wir unschwer die ungeheuer erfolgreiche Kinderbuchautorin Enid Blyton (1897–1968) und den Schneider Verlag erkennen, in dem die geliebten Internatsgeschichten meiner Kinderzeit reihenweise erschienen sind.

Frau Dr. Magda Schneider-Bleiten, unverheiratet, dennoch kinderlos und stattdessen schon etwas älter, fühlte Zorn und Erbitterung in sich aufsteigen. Ein Leben war das, ein Leben …! Hingeopfert die eigene und die Jugend anderer Leute und nun das …!

Wie betäubt hatte sie das stattliche Verlagsgebäude am Emmy-von-Rhoden-Ring verlassen, wie blind war sie durch die vertrauten Straßen und Gassen geirrt, wie taub hatte sie unzählige Ampeln bei Rot überquert und wie gelähmt vor den Auslagen der Buchhandlungen gestanden.

Frau Dr. Magda Schneider-Bleiten war eine hochaufragende, schwerknochige und eher dürre Erscheinung, die eine gewisse Düsternis umschwebte. Das dünne, aber graue Haar unter der schmucklosen schwarzen Filzkappe straff zurückgekämmt und zu einem einfachen Knoten im Nacken verschlungen; unter den scharfkantigen Brauen ein ins Gelbliche schimmernder Raubvogelblick; unter der gewiss zu langen, aber darum nicht minder funktionstüchtigen Nase ein schmallippiger, burgunderfarben geschminkter Mund, dessen herabgezogene Winkel dem Gesicht ein allzeit mürrisches, jedoch auch verdrossenes Aussehen verliehen. Darunter wiederum ein langer, sehniger Hals, dessen schwanenhafte Anmut zu Zeiten seiner Jugend man durchaus noch entfernt erahnen konnte, wenn Frau Dr. Magda Schneider-Bleiten nicht gerade die knochigen Schultern allzu hochgezogen trug und mit weitausholenden Schritten einherschritt, wie an diesem Samstagnachmittag. Schwarz in schwarz gewandet und voll der schwärzesten Gedanken, nicht unähnlich einem unbehausten Vampir, irrte sie ziellos durch die Stadt, nur einen Gedanken in ihrer aufgewühlten Seele: Rache!

Rache für die Schmach, die Schande, die verlorene Ehre! Rache für die vergebliche Liebesmüh!

Großer Gott, wie sehr hatte sie doch gearbeitet ihr Leben lang, hatte ihr Bestes gegeben. Und hatte sie nicht auch immer

gute Erfolge aufzuweisen gehabt? War ihr die Jugend nicht stets mit Dankbarkeit für ihr Schaffen entgegengetreten? Waren ihr nicht auch immer wieder wildfremde Menschen, Väter und Mütter, mit Zuneigung, ja sogar Ehrerbietung begegnet, in dankbarer Anerkennung ihrer Verdienste, die sie – Frau Dr. Magda Schneider-Bleiten – sich erworben hatte als Fürsprecherin und uneigennützige Ratgeberin der Töchter des Landes?

Und nun das!

Schmerz und Zorn drohten sie niederzuwerfen. Schwer stützte sich die düstere Gestalt auf einen der städtischen Papierkörbe an einem der sehenswürdigen Laternenmasten, rasselnd ging ihr Atem. Zog dann einen Stapel eng beschriebenen Papiers aus dem schwarzen Mantel, schaute tränenleeren Blickes darauf, nichts sehend, nichts hörend, nichts sagend.

»Abschied«, dachte Frau Dr. Magda Schneider-Bleiten, »Abschied für immer!«

Und langsam, fast bedächtig und eher schon andachtsvoll, zerrissen die pergamentenen Spinnenhände, denen nur die ebenfalls burgunderfarben lackierten Fingernägel Leben verliehen, Seite für Seite. Bald quoll der städtische Papierkorb von Schnipseln über, und so manches Schnipselchen wurde vom eisigen Wind durch die winkligen Gassen davongeweht. Niemand würde je erfahren, was da einst geschrieben stand, niemand!

Etwas musste geschehen! Ein Entschluss war zu fassen! Frau Dr. Magda Schneider-Bleiten hatte sich lange genug unkontrolliert ihrer Verzweiflung überantwortet. Nun galt es, einen Neuanfang zu wagen und, auf Vergangenem aufbauend, energisch die Zukunft zu meistern.

War sie nicht die erfolgreichste Mädchenbuchautorin ihrer Generation? Hatte sie nicht tausende von Seiten mit köstlichen Internatsgeschichten gefüllt? Konnte sie nicht seit Jahrzehnten die ungezügelten Phantasien dieser jungen Dinger zum Besseren wenden? War sie nicht geradezu sittlich verpflichtet, auch fürderhin Lebenshilfe zu leisten? Ja und noch einmal Ja!

Mochte doch der arrogante junge Schnösel von Verlagsleiter ihr Manuskript in Grund und Boden verdammen und sie unmodern, ja sogar altmodisch schelten! Was wusste denn der! Sie würde es dem Verlag schon zeigen, würde beweisen, was in ihr steckte! Sie würde ein neues Buch verfassen, ein nochniedagewesenes, ein Buch, so recht geeignet zum Verschenken, voll unerträglicher Spannung und überschäumenden Humors, dabei nicht ohne Tiefgang. Jawohl, das würde sie! Aber wie? Woher nehmen und nicht abschreiben?

Frau Dr. Magda Schneider-Bleiten fühlte sich mit einem Mal ausgebrannt und dennoch entsetzlich leer. Drückend empfand sie plötzlich die Last der Jahre, Mattigkeit wollte sie schier übermannen. Mit aller Kraft versuchte sie, ihrer Schwäche Herr zu werden. Sie durfte doch nicht unterliegen, wo sie anderen Menschen stets Trost und Hilfe war!

Und da erblickte sie die junge attraktive Mutter mit dem munteren Töchterchen an der Hand, die heiter und beschwingt mit ihren Einkaufstüten heimwärts strebten. Frau Dr. Magda Schneider-Bleiten kniff die Raubvogelaugen zusammen, und vor Erregung biss sie sich auf die schmalen Lippen, so dass ein dünner Blutsfaden gemächlich über ihr grausames Kinn rann. In rasender Geschwindigkeit reifte ihr Entschluss: Die beiden würde sie sich zunutze machen! Die würde sie aussaugen! Diese beiden Menschen waren dazu bestimmt, ihr als Sklaven künftigen Erfolgs zu dienen!

Vorsichtig, aber zielbewusst, jede Hausecke als Deckung ausnutzend, um nicht vorzeitig entdeckt zu werden, wobei ein höhnisches Lächeln ihr maskenhaft starres Gesicht umspielte, folgte die nachtschwarze Gestalt den Ahnungslosen ...

Henning Venske: *Pupsi und der Tortenmord. Das endgültige Mädchenbuch für Jungen.* Mit Zeichnungen von Burkhard Fritsche und einem Nachw. von Prof. Dr. Malte Dahrendorf. Stuttgart: Spektrum Verlag, 1983. S. 13–18. – Mit freundlicher Genehmigung von Henning Venske.

Vorurteile

Egon Friedell (1878–1938) war schauspielernder Schriftsteller, promovierter Kabarettist, gläubiger Freigeist. Ein wahrer Kulturmensch, der in vielen Bereichen mit Wonne als Dilettant im ursprünglichen Sinne des Wortes wirkte. Brillant, pointiert, witzig und sehr belesen. Seine *Kulturgeschichte der Neuzeit* (1927–31) ist bis heute eine geistvolle, anekdotenreiche Aufarbeitung eines riesigen Stoffs, die davon lebt, dass Friedell mit vielen Themen der Künste und Wissenschaft so intensiv vertraut war wie kaum ein anderer.

Für mich gehört er zu den glücklichen Zufallsfundstücken meines Lebens. Auf dem Weg von einer Arztpraxis nach Hause ging es mir ziemlich schlecht. Um zu verbergen, dass ich vor Schmerzen kaum weiterkonnte, blieb ich, auf eine Grabbelkiste vor einer Buchhandlung gestützt, stehen und entdeckte ein Taschenbuch mit Texten und Briefen von Egon Friedell für damals 1 DM. Sobald es mir wieder etwas besser ging, kaufte ich das Buch und war mit dem Buchhändler einer Meinung, dass es viel zu günstig dort ausgelegen hatte. Es war Liebe aufs erste Durchblättern für mich. Friedell schrieb am liebsten auf einer Chaiselongue liegend oder im Lehnstuhl – denn um Bildung zu erwerben, muss man nicht zwingend auf Reisen gehen.

Unser Leben zerfällt nämlich in zwei Hälften, und jede dieser Lebenshälften hat eine besondere Aufgabe. In der ersten Lebenshälfte werden uns von allerlei fremden Menschen eine Menge von Ansichten, Urteilen und Meinungen mitgeteilt, und wir haben die Aufgabe, diese Ansichten auswendig zu lernen; in unserer zweiten Lebenshälfte haben wir die Aufgabe, diese Ansichten teils zu vergessen, teils durch ihr Gegenteil zu ersetzen.

Der zweite Teil des Pensums ist natürlich viel schwieriger. Einem Urteil zustimmen und sich dabei denken: »Der andere wird's schon wissen«: – das ist leicht. Aber sich gegen eine allgemein verbreitete Ansicht stemmen und sagen: »Wieso? Ich halte es für Quatsch. Ich kann in meiner gesamten bisherigen Lebenserfahrung nichts finden, was diesen Grundsatz bestätigt«: – das ist nicht ebenso leicht und endet meist mit irgendeiner Entlassung.

In der Tat kommen die wenigsten Menschen so weit, um auch nur zu ahnen, dass das, was sie von ihren Lehrern und Erziehern übernommen haben, ihnen gar nicht gehört. Wenn ein Gegenstand eine gewisse Zeit lang in meinem Besitz ist und niemand dieses Besitzrecht bestreitet, so geht dieser Gegenstand schließlich auch juristisch in mein Eigentum über. So ist es mit den Meinungen, die wir aus der Schule mitnehmen: Niemand bestreitet, dass wir ein Recht auf sie haben, und so behalten wir sie denn, umso mehr als sie sich als sehr bequeme und nützliche Gebrauchsgegenstände erweisen.

Zum Beispiel: unsere Klassiker. Wir haben sie auf der Schule gelesen, und nun sagen wir unser ganzes Leben lang: Wir kennen die Klassiker. Aber wir haben die interessantesten und persönlichsten Werke der Klassiker gar nicht, und die übrigen unter falschen Gesichtspunkten gelesen. Trotzdem sagen wir unser ganzes Leben lang, wenn das Thema auf Goethe oder Schiller kommt, mit Eifer und Überzeugung: »Ja, unsere Klassiker! Das waren noch Kerle!«, und denken uns darüber dasselbe, wie die übrigen Menschen, nämlich nichts.

Eine zweite Sache, die lediglich auf Überlieferung und Anpassung beruht, ist die allgemein verbreitete Reisewut. Alle Welt reist oder will doch wenigstens reisen; warum sollten nicht auch wir es tun? Und wir bringen uns in eine künstliche Begeisterung für fremde Völker und Länder. Nun, es ist ja gewiss nicht daran zu zweifeln, dass für manche Menschen das Reisen einen großen Nutzen hat, ja dass es sogar ihr eigentliches Lebenselement ist: Menschen, deren geistiger und physischer Organismus für das Reisen geschaffen ist, wie es ja auch Zugvögel gibt, denen die Winterreise nach dem Süden ein großes Vergnügen bereitet. Das ist aber doch wohl nur die Minorität. Im Allgemeinen wird man der Ansicht zuneigen müssen: Der Hauptinhalt des Reisens ist Ruß, Staub, Wanzen, freche Kellner, grobe Mitpassagiere, unverschämte Hotelrechnungen und Magenkatarrh. Nachdem eine Reihe edler und heldenhafter Pioniere die Strapazen des Reisens für uns übernommen und ihre Beobachtungen und Erfahrungen in vortrefflichen Bildern und Beschreibungen niedergelegt haben, wäre es eine sinnlose Kraftvergeudung, wenn wir alle diese Strapazen wiederholen wollten, da wir doch die Sachen jetzt ohne alle Anstrengung und ohne jeden Ärger genießen können. Wenn ich zu Hause bleibe, so habe ich drei Dinge, die mir keine Reise bieten kann: vollständige Ruhe und Ungestörtheit, meinen Lehnstuhl, der sich meinen Formen bereits liebevoll angepasst hat, und meine Phantasie. Meine Phantasie habe ich nämlich auf Reisen gewiss nicht; denn das Auge wird so stark beschäftigt und mit äußeren Eindrücken überladen, dass das innere Gesicht gar nichts zu tun bekommt. Die meisten Menschen reisen, weil es so Mode ist, und weil sie ein neues ergiebiges Gesprächsthema haben wollen; denn aus sich selber können sie keines holen. Auch hat man ihnen immer gesagt: Reisen bildet, Reisen erweitert den Gesichtskreis, und wenn es so viele Menschen sagen, so wird es wohl auch wahr sein. Dann aber müssten jene reichen Leute, die niemals zu Hause sind, sondern immer nur dort, wo die »Saison« ist, die gebildetsten Menschen sein. Aber gerade diese sind die ungebildetsten. Andererseits hat man noch selten beobachtet, dass die Bildung eines wirklich bildungsfähigen Menschen unter dem Mangel an Reiseeindrücken gelitten hätte. Kant, der nie über den Umkreis seiner Vaterstadt hinausgekommen war, wusste nicht nur mehr von der Welt und ihren Bedingungen als alle Weltumsegler, er las auch Kollegien über Geographie, die den größten Zulauf hatten. Als er einmal das Straßenbild Londons entwarf, gab er eine so genaue und anschauliche Schilderung der Westminsterbrücke, dass ihn nach dem Kolleg ein Engländer fragte, wie viele Jahre er in London gelebt habe. Und in der Tat: Wir tragen alle Landschaftsbilder der Welt in uns. Wir kennen Bombay, Johannesburg, San Francisco. Wollte man die Sache ein wenig mystisch erklären, so könnte man sagen: Irgendeiner unserer Vorfahren hat einmal die Welt gesehen und seine Eindrucksfülle hat sich auf uns vererbt. Aber wir brauchen gar nicht so weit zu gehen. Wir sehen im Laufe unseres Lebens Tausende von Bildern und lesen Hunderte von Reisebeschreibungen. Das Übrige tut die Phantasie. Ja, unsere Phantasie leistet sogar viel mehr, als unser Auge leisten könnte. Ich ließ mich einmal dazu überreden, eine Reise nach Kairo zu machen. Diese Reise hat mich nicht nur vierzehn Tage der Bequemlichkeit und Zufriedenheit, sondern auch meine Illusionen von der Schönheit des Orients gekostet. Dass ich während der ganzen Reise nicht eine einzige ruhige oder vernünftige Stunde hatte, würde ich noch hingenommen haben; dass man mir aber d i e s e s Ägypten vorführte, traf mich sehr schmerzlich. Ich hatte Afrika bisher nur aus Märchen und farbigen Naturschilderun-

gen, aus schönen Bilderbüchern und aus der Oper kennen gelernt. Ich hatte die ›Afrikanerin‹ in Dresden und Wien in
wundervoller Ausstattung gesehen und war nun sehr depri-
miert, als ich bemerken musste, dass das wirkliche Afrika das
nicht bieten konnte: Es war Afrika in der Ausstattung des kleinen Provinztheaters. Mit den Palmen war grässlich geknickert
worden. Die Kamele waren abgearbeitet und schäbig. Und d i e
Kostüme! Sie waren offenbar aus der letzten Leihanstalt bezo-
gen, und außerdem gänzlich stillos. Zu einem einzigen Elefanten
hatte sich die Regie aufgeschwungen, und der war ein Geschenk
der Menagerie Schönbrunn. Der Gorilla der Stadt aber war drei
Wochen vor meiner Ankunft gestorben... Die Haupt- und
Grundimpression, die ich von dem Lande empfing, war: heißer
Schmutz. Nun, ich tröstete mich damit, dass ich ja noch von Asi-
en und Amerika die abenteuerlichsten Vorstellungen hatte, und
war froh, mit einem so geringen Lehrgeld davon gekommen zu
sein. Trotzdem versuchte ein Mensch mir auseinanderzusetzen,
wer in Kairo sei, der müsse sich unbedingt auch Palästina anse-
hen; es sei eine Sünde, die Gelegenheit nicht zu benützen. Aber
er kam niemals nach Palästina, denn ich drehte ihm sofort die
Gurgel um.

Eine dritte Irransicht, die sich nur auf das gedankenlose Annehmen fremder Meinungen stützt, ist die Idee: Der Mensch
muss Zeitung lesen. Ich habe einen Freund, der niemals eine Zeitung ansieht, und er behauptet, diesem Umstand verdanke er
seine Bildung. In der Tat hat er über sehr viele Dinge viel unbe-
fangenere und treffendere Ansichten als die meisten übrigen
Menschen, weil er seine Urteile immer aus seiner eigenen An-
schauung und Erfahrung holt. Und der Verlust, den er hat, ist
sehr gering. Um die Neuigkeiten zu erfahren, die wirklich wichtig sind, dazu brauchen wir nicht Zeitungen zu lesen; denn wir
erfahren diese Dinge ebenso rasch auf anderem Wege: durch

unsere Freunde und Bekannten, durch jeden Menschen, der uns auf der Straße anredet, und vor allem durch unsern Raseur. Dagegen raubt uns das Lesen der Zeitung mindestens dreißig Minuten der behaglichen Frühstückszeit, füllt unser so schön ausgeruhtes Gehirn, das bereit ist eine Menge der tiefsten Eindrücke zu verarbeiten, mit überflüssigen Daten und trübt uns von vornherein durch allerlei persönliche Zutaten unser Urteil über die Dinge. Die grässlichen Gerüchte z.B., die über Nietzsches Übermenschen umgehen, sind zum größten Teile auf Zeitungslektüre zurückzuführen. Man kann die sämtlichen fünfzehn Bände, die Nietzsche geschrieben hat, durch und durch schütteln, und nicht ein einziger von diesen Sätzen, die ihm allgemein zugeschrieben werden, wird herausfallen. Aber wenn jemand in einer Gesellschaft schüchtern äußert: »Ich bin ein großer Verehrer Nietzsches«, so findet sich immer mindestens e i n Mensch, der antwortet: »So, so. Dann wären Sie also jederzeit bereit, Ihren Vater zu ermorden?« Dies kommt daher, dass man Nietzsche nicht aus seinen Werken, sondern aus unverständigen Zeitungsartikeln kennen gelernt hat. Ist man aber einmal von den falschen Ansichten infiziert, so nützt es oft nichts mehr, das Original zu lesen: Denn wie der erste Eindruck, den ein Mensch macht, oft das Urteil über ihn für immer bestimmt, so wird man auch diese fixe Idee so leicht nicht wieder los. Ich mache es daher seit einiger Zeit wie mein Freund, und lese keine Zeitungsartikel mehr, meine eigenen natürlich ausgenommen.

Das alles wäre aber noch gar nichts. Das schlimmste Vorurteil, das wir aus unserer Jugendzeit mitnehmen, ist die Idee vom Ernst des Lebens. Daran ist nur die Schule schuld. Die Kinder haben nämlich den ganz richtigen Instinkt: Sie wissen, dass das Leben nicht ernst ist, und behandeln es als ein Spiel und einen lustigen Zeitvertreib. Aber dann kommt der Lehrer und sagt: »Ihr müsst ernst sein. Das Leben ist es auch.« Lehrer sind Spielverder-

ber. Anderseits heißt es aber immer: Nimm Dir die Natur zum Vorbild Deiner Lebensführung! Nun, in der Natur wird nichts als Unsinn getrieben. Die Schmetterlinge tanzen, die Käfer musizieren, der Pfau schlägt sein Rad, der Hahn benimmt sich grässlich albern, und unser nächster Verwandter, der Affe, hat nichts als Schabernack im Kopf. Selbst wo der Ernst der unerbittlichen Notwendigkeit, in Gestalt der Nahrungssorgen, an die Tiere herantritt, scheinen sie noch zu spielen. Die Katze spielt mit der Maus, bevor sie sie frisst: Ihr Spieltrieb ist stärker als ihr Hunger. Der Fortpflanzungstrieb, nächst dem Hunger die ernsteste Macht in unserem Leben, kleidet sich bei Mensch und Tier in die Form eines Spiels, der sogenannten Liebe. Und ich habe auch die niedrigeren Lebewesen, die Pflanzen z.B., sehr im Verdacht, dass es ihnen gar nicht darauf ankommt, etwas zu »leisten«: Ich glaube, dass einem Apfelbaum seine Äpfel ziemlich unwichtig sind, und dass er seinen Hauptspaß im Blühen und Duften und derlei zwecklosem Unsinn findet.

Im Grunde ist es unter den Menschen auch nicht anders. Alles wirklich Wertvolle ist aus einer Spielerei hervorgegangen. Ich glaube nicht, dass Shakespeare ein sogenannter »ernster Mensch« war. Jedenfalls sind seine Narren immer die gescheitesten Personen in seinen Stücken, während der bleierne Ernst eines Lear oder Othello mit dem Leben nicht fertig wird und lauter Missgriffe begeht. Ich glaube auch, dass die große Anziehung, die die Frauen auf uns ausüben, darauf beruht, dass sie so gar nicht ernst sind. Die Idee der Dampfmaschine entstand in einem Kinde, das mit einem Teekessel spielte. Das naturwissenschaftliche Experiment war anfangs eine Spielerei. Ja, man kann so weit gehen, zu sagen: Ein Mensch, der nicht weiß, dass er ein Narr ist, ist nicht nur kein Künstler, sondern versteht überhaupt nichts vom Leben. Dass es ernst i s t, soll nicht in Abrede gestellt werden. Aber dass wir es ernst nehmen sollen, darauf scheint die Absicht der Natur nicht gezielt zu haben. Überall bemerken wir, dass sie bestrebt ist, die finstere Notwendigkeit ihrer Gesetze zu verhüllen. Es ist daher eine Anmaßung, vom Ernst des Lebens zu reden. Ihn könnte nur ein Mensch erfassen, der bis zum Kern des Daseins vorgedrungen wäre. Uns aber bietet sich immer nur die Oberfläche dar, das Spiel des Lebens ...

Man kann sich nun denken, wie erfreut ich war, als mir vor vier Jahren der Antrag gestellt wurde, an dem Gymnasium einer kleinen süddeutschen Stadt ein paar Aushilfsstunden in Tertia und Sekunda zu geben. Ich begann mit der Anwendung meiner Methode und suchte eine Menge Vorurteile aus den Köpfen meiner Schüler zu verbannen, vor allem natürlich das Hauptvorurteil vom Ernst des Lebens. Aber der Erfolg war nicht so glänzend, wie ich gedacht hatte. Am besten ging die Sache noch bei den dummen Schülern: Die kapierten mich nicht. Aber die intelligenteren Jungen gingen ganz entschieden in ihren Leistungen zurück. Eines Tages rief mich der Rektor auf sein Zimmer und teilte mir in sehr ernstem Tone mit: Die Art, wie ich mit den Jungen verkehre, sei doch wohl nicht die richtige, um mich in Respekt zu setzen; zumal bei einem Lehrer, der ohnehin die Würde der Jahre entbehre, sei sie ganz verkehrt. Hätte der Rektor mir das vierzehn Tage früher mitgeteilt, so hätte ich eine kolossale Gegenrede gehalten; nun aber hatte ich längst eingesehen, dass er Recht hatte. Der Mensch kommt nämlich mit sehr richtigen Ideen auf die Welt, und will, wie alle übrigen Lebewesen, zunächst einmal à tout prix spielen. Diese unmoralischen Grundsätze würden ihm auch gar nicht schaden, und er würde sich naturgemäß zu einem sehr vernünftigen, lebensfähigen Geschöpf entwickeln, wie jeder Baum und jedes Tier, wenn er nicht daneben gewisse intellektuelle Gaben mitbekommen hätte, die dem Baum und dem Tier fehlen und die geeignet sind, seine Richtung ungünstig zu beeinflussen. Hier greift nun der Erzieher ein. Er dämmt die gefährliche Kraft des selbsttätigen Denkens möglichst zurück und übt so lange auf sie einen Zwang aus, bis sie vollständig reif geworden ist und sich selber ihren Manometer schafft. Alle Anschauungen, die der Lehrer vertritt, zielen auf diesen einen Zweck ab. Der Mensch soll nicht zu früh erfahren, dass er ein selbständiges, selbstdenkendes Wesen ist. Ich änderte daher meine Taktik: Wenn ein Junge seinen Ovid nicht ordentlich präpariert hatte, so machte ich ein grässlich finsteres Gesicht und tat so, als ob er im Begriffe sei, sein Lebensglück zu vernichten; wenn einer die hypothetischen Fälle nicht hersagen konnte, so fragte ich ihn: »Wie wollen Sie später einmal ins Leben hinaustreten?«, und als gar einmal einer die verschiedenen Amenhoteps verwechselte, nannte ich ihn eine »katilinarische Existenz«, obgleich das gar nicht in die ägyptische Geschichte hineinpasst.

Ich habe aber nicht aufgehört, den Erwachsenen meine Theorie zu unterbreiten. Ich sagte ihnen: Der »Ernst des Lebens« hat seine Berechtigung als pädagogische Maßregel, als regulatives Prinzip der Erziehung und des Unterrichts. Aber außerhalb der Schule ist er Sache des lieben Gotts, und nicht der Menschen… Vorläufig habe ich jedoch nur erreicht, dass die Menschen sich damit begnügen, meine Polemik gegen den Ernst des Lebens nicht ernst zu nehmen.

Egon Friedell: »Vorurteile«. In: E. F.: *Abschaffung des Genies. Essays bis 1918*. Hrsg. und mit einem Nachw. von Heribert Illig. Wien/München: Löcker Verlag, 1982. S. 9–16.

PHILIPPE DELERM

Der erste Schluck Bier

Manche Autoren haben die große Gabe, uns auf tausend kleinere und größere Glücksmomente aufmerksam zu machen, die das Leben reichlicher bietet, als man an schlechten Tagen wahrnehmen kann. Philippe Delerm, 1950 in Auvers-sur-Oise in Frankreich geboren, hat diese Gabe. Ihm verdanke ich das Geschenk, das er mir mit der Formulierung »die schwarze Perfektion eines Hollandrades« gemacht hat, das mir seither heimliche Triumphe gegenüber allen schnittigen Rennrädern beschert. Aber auch Sätze über das Besondere einer Mahlzeit, die im Herbst noch ein letztes Mal draußen serviert wird, oder über die Freude des Brombeerenpflückens und Marmeladekochens sind für mich unvergessen geblieben.

Zum Thema Lesevergnügen hat Delerm in seiner Beschreibung alltäglicher Situationen, die er in *Der erste Schluck Bier* (*La première gorgée de bière*, 1997) versammelt hat, beigesteuert, wie schön, aber auch wie schwierig es sein kann, am Strand zu lesen. Ganz abgesehen davon, dass die Bücher leicht nach Meer, Tang und Muscheln duften und ein bisschen Sand in sich tragen, gibt es da nämlich das bekannte Problem vom Suchen und Finden einer adäquaten Leseposition.

Am Strand lesen

Gar nicht so einfach, am Strand zu lesen. Auf dem Rücken ist es fast unmöglich. Die Sonne blendet, man muss sich das Buch mit ausgestreckten Armen vor das Gesicht halten. Ein paar Minuten geht das ganz gut, dann drehst du dich um. Auf der Seite, auf dem Ellbogen, den Kopf in die Hand gestützt, das Buch in der anderen haltend – und dann auch noch umblättern –, so ist es auch nicht viel bequemer. Schließlich liegst du auf dem Bauch, beide Arme vor dir angewinkelt. Dicht über dem Boden geht immer ein bisschen Wind. Die kleinen Glimmerkristalle kriechen in den Einband. Auf dem leichten, gräulichen Papier der Taschenbücher sammeln sich Sandkörner, hören auf zu glitzern, werden übersehbar – ein geringes zusätzliches Gewicht, das du ein paar Seiten später nachlässig verstreust. Aber auf dem schweren, körnigen, weißen Papier der Originalausgaben setzt der Sand sich fest, wandert über die cremefarbene Rauheit, glitzert hier und da. Zusätzliche Punkte, ein neuer Raum, der sich öffnet.

Auch auf das Thema des Buchs kommt es an. Kontraste sind reizvoll. Eine Passage aus Léautauds *Journal* lesen, in der er über die Körpermassen an den bretonischen Stränden lästert. Oder du liest Prousts *Im Schatten junger Mädchenblüte* und träumst dich in eine Welt voller Strohhüte, Sonnenschirme und altertümlich komplizierter Grußformeln. Oder aber du brätst unter der Sonne und tauchst in Oliver Twists verregnetes Unglück ein, reitest à la d'Artagnan durch die lastende Reglosigkeit des Juli.

Aber Ton in Ton zu bleiben, das hat auch seine Vorteile: Übertrage Le Clézios *Wüste* auf deinen Strand, dann wird der über die Seiten rieselnde Sand zu Geheimnissen der Tuareg, zu langsamen blauen Schatten.

Wenn du zu lange so liegst, sinkt dein Kinn in den Sand, der Strand rinnt dir in den Mund, also setzt du dich auf, verschränkst die Arme vor der Brust, eine Hand kommt manchmal hervor, blättert, markiert die Seiten. Irgendwie eine pubertäre Haltung, aber warum? Sie verleiht dem Lesen etwas unmerklich Melancholisches. Diese aufeinanderfolgenden Stellungen, diese Versuche, diese Ermattungen und kurzfristigen Genüsslichkeiten, all das macht das Lesen am Strand aus. Es ist, als würdest du mit dem Körper lesen.

Philippe Delerm: »Am Strand lesen«. In: P. D.: *Der erste Schluck Bier.*
Aus dem Franz. übers. von Hinrich Schmidt-Henkel. Bern/München/Wien:
Fretz & Wasmuth, 1998. S. 24 f. – © 1998 S. Fischer Verlag GmbH, Frankfurt a. M.

Wer lesen kann, ist nie einsam

MARTIN WALSER

JOHANN RUDOLPH GOTTLIEB BEYER

RAINER MARIA RILKE

MICHEL DE MONTAIGNE

KURT TUCHOLSKY

Liebeserklärungen

Liebeserklärungen – so hat Martin Walser seine 1983 veröffent-
lichten Aufsätze getauft, in denen er Anmerkungen zu Leseerfahrungen mit der Weltliteratur notiert. Das Erstaunliche an
seinen Betrachtungen ist, dass er die literarischen Werke einerseits von ihren möglichen Podesten – zu sich als Leser – herunter-
holt und andererseits ihr Können mit einer solchen Wucht und
einem Glanz beschreibt, dass sie dann doch wieder oben auf
dem Sockel stehen. Der 1927 geborene Schriftsteller besitzt in
seinem Haus in Nußdorf am Bodensee übrigens eine große Bibliothek, für die er sich einst, praktisch unbesehen, ein aus edlen
Hölzern getischlertes Regalsystem bestellt hat, lange bevor es
üblich war, sich alles nach Hause schicken zu lassen. Eine wahr-
haft würdige Unterbringung für seine Heldinnen und Helden,
von denen er gerne und launig berichtet.

Bei allem Charme und Witz seiner Erzählungen ist nicht zu
überhören, dass Bücher für ihn seelische Nahrungsmittel, also
absolut unverzichtbar sind. Martin Walser ist in diesem Sinne
nicht nur ein großer Schriftsteller, sondern auch ein großer Leser.

Ich muß gestehen, ich lese nicht zu meinem Vergnügen, ich suche weder Entspannung noch Ablenkung, noch andere Freuden dieser Art. Ein Buch ist für mich eine Art Schaufel, mit der
ich mich umgrabe. Obwohl ich das nicht zu meinem Vergnügen
tue, sondern einfach aus einem Bedürfnis, für das ich keine
Gründe mehr anzugeben weiß, keine Gründe auf jeden Fall, die
von anderer Art wären als die, die uns veranlassen zu atmen oder
zu essen, trotzdem macht mir das Lesen, dieses Herumgraben in
mir selbst, oft mehr Vergnügen als das Atmen, ja es macht mir
zuweilen sogar das Atmen wieder vergnüglicher.

Als ich aber die sieben Bände der deutschen Proust-Ausgabe
gelesen hatte, war ich unzufrieden. Wenn ich mich an das Gelesene erinnern wollte, was wußte ich da noch von *Swanns Welt*, vom
Schatten junger Mädchenblüte? Und von den zwischen den Salons
hin-und-herkutschierenden Adeligen und Snobs, die die *Welt der
Guermantes* bevölkerten, was war davon anderes zurückgeblieben
als Knäuel von Empfindungen, die sich nicht greifen, nicht auflö-
sen und nicht gesondert in Gedanken, Einsichten und Urteile auf
den dafür bestimmten Gedächtnis-Spulen meines Bewußtseins
unterbringen ließen? Natürlich lagen Namen in mir herum, eine
Menge von Namen sogar, auch Schauplätze, ein paar Intrigen, die
Affäre Dreyfus, die vielen Homosexuellen, ein paar Künstler, eine
kleine Schar von Dienstboten und als Kulisse auch noch der Krieg
von 14/18. Aber da war nichts mehr in eine rechte Reihenfolge zu
bringen, da war kein sinnvolles Nacheinander mehr herzustellen;
schön, der Erzähler Proust, der diese sieben Bände lang als Ich-Er-
zähler auftritt, verliebt sich in drei Frauen auf diesen fünftausend
Seiten, er verreist zweimal oder dreimal, nein ich glaube doch nur
zweimal, von Paris nach Balbec, einmal reist er nach Venedig: so-
was merkt man sich zwar, aber das ist noch nicht einmal die Spur
einer Handlung; und tatsächlich gelang es mir auch, als ich die sieben Bände das zweite Mal durchlas, nicht, so etwas wie eine Hand-

lung oder auch nur das sinnträchtige und bedeutungsvolle epische Nacheinander zu entdecken.

Und wie deutlich waren dagegen die Erinnerungen, die ich an Romane anderer Autoren hatte! Ich stellte fest, daß es bei Proust fast nichts gibt, was man dem mechanischen Gedächtnis anvertrauen kann. Wenn man des Gelesenen bewußt habhaft zu werden versucht, entgleitet es einem, wird schemenhaft. Man muß es mit weniger zielbewußtem Willen noch einmal und noch einmal versuchen. Sobald ich alle Mühe des Bewußten ausschaltete, drängte sich eine Fülle von Szenen in meiner Vorstellung; Szenen ist eigentlich schon zuviel gesagt; es waren ganz einfach Situationen; und ich glaube, jeder Proust-Leser wird in sich immer wieder solche Situationen vorfinden: Albertine mit den Freundinnen auf der Strandpromenade, eine Wagenfahrt in der Normandie, das Gespräch mit einer Weißdornhecke, Marcel Proust wartet als Kind auf den Gutenachtkuß der Mutter; er taucht sein Sandtörtchen in eine Tasse Tee; er sieht auf dem Spaziergang zum ersten Mal Gilberte; er geht mit seiner Großmutter in die Champs-Élysées; Swann eilt durch das nächtliche Paris, um Odette zu finden; die Großmutter stirbt und der Arzt hält lange Reden, undsoweiter. Man weiß nicht genau, an welcher Stelle des Werks diese Situationen stehen, man sieht nicht genau ihre Bedeutung für das Ganze. Und man hat den Eindruck, wenn man sich dem Reigen solcher Situationen überläßt, als habe man es nicht mit einem Gegenstand der Kunst zu tun, da doch Kunst immer schon als das Organisierte, gesetzmäßig Geordnete erscheint; denn jenseits der Einsichten, die die Kunst vermittelt, soll doch – wie man immer wieder hört – schon im Erkennen der Gesetzmäßigkeit eines Kunstwerkes ein Teil des Genusses begründet sein, den es uns schenkt.

Aber wenn wir in unserem eigenen Leben an eine Situation denken, an einen Vormittag in einem Seebad, an einen Osterbesuch bei einer Tante oder an den Tod eines Verwandten, wissen wir dann gleich, was dieses oder jenes Ereignis für unser Leben bedeutet? Meistens sind diese Situationen ja gar keine Ereignisse, wir sehen einfach in unserer Erinnerung, daß es so und so war, daß die Tante eine Brosche trug an diesem Tag, daß der Badewärter sich mit einer eleganten Dame zankte und daß bei der Beerdigung der Ministrant in den weihevollsten Satz der Predigt nieste; aber wir würden unser Leben doch zu sehr zu einer ausgetüftelten Konstruktion machen, die auf drei Dutzend Begründungen wie auf Pfählen aufgespießt hinge, wenn wir diese unwillkürlich in unserer Erinnerung haftengebliebenen Situationen auf ihre Bedeutung hin ausquetschen wollten, um unseren Lebensweg daraus als ein wertvolles Kausalgefüge abzuleiten. Ebensowenig forscht auch Proust nach der Bedeutung dieser Situationen. Er schrieb ja keinen deutschen Entwicklungs- oder Bildungs-Roman, wo die Helden kaum zum Taschentuch greifen können, ohne daß ihnen daraus ein Schicksal erwächst.

Es gibt einen Satz in »Wilhelm Meisters Lehrjahre«, der auf den ersten Blick anmutet wie ein Satz von Proust: »… alles, was uns begegnet, läßt Spuren zurück, alles trägt unmerklich zu unserer Bildung bei …« Was in diesem Satz an Proust erinnern könnte, ist der Hinweis darauf, daß der Mensch eine Art Summe seiner Vergangenheit sei; aber die Verfeinerung, die größere Genauigkeit, die Proust dieser Einsicht hat angedeihen lassen, unterscheidet ihn von seinen Vorläufern (und von vielen Nachfolgern). Die Situationen seines Romans sind Erinnerungen Prousts, aber er hat gerade durch die Genauigkeit, mit der er seinen Erinnerungen nachgegangen ist, bewiesen, daß eben nicht Alles Spuren in uns zurückläßt und daß schon gar nicht Alles zu unserer Bildung beiträgt. Er forscht in den Situationen, die er heraufbeschwört, nicht danach, welche Bedeutung sie für sein Dasein haben, sondern er verwendet alle Genauigkeit darauf, seine Erinnerungen nicht mit falschen Bedeutungen zu beladen, ihre

Unwichtigkeit oder ihre Folgenlosigkeit einzusehen; ihm kommt es nicht darauf an, eine Gesetzmäßigkeit, die sich in der menschlichen Entwicklung vielleicht sogar nachweisen ließe, nun gleich zum Postulat zu machen und die ganze Erzählung seines Lebens zum Paradigma zu erheben.

Die größere Genauigkeit, das ist Proust. Er versteht seine Schriftstellerei nicht im mindesten als ein Herstellen von Vorbildern; alles Beispielhafte ist ihm fremd.

Ich habe mich auch schon vor der Bekanntschaft mit Prousts Roman manchmal gewundert über die Sicherheit, mit der manche Autoren über die Welt verfügen: da marschieren ganze Generationen und Städte auf, der Erzähler stellt vor, beschreibt Inneres und Äußeres, urteilt, charakterisiert in unanzweifelbaren Mitteilungssätzen, eines folgt aus dem anderen, es geschieht fast nichts, was ohne Folge bliebe, nichts also, wovon der Erzähler nicht ganz genau die Bedeutung anzugeben wüßte. Ich dachte mir dann, daß eben diese Sicherheit im Erschaffen einer solchen Roman-Welt das Schöpferische sei, etwas für mich Unbegreifliches, weil ich mir einfach nicht vorstellen konnte, daß ein Mensch so sehr zu einem kleinen Gott avancieren könne, wie es diese Autoren doch offensichtlich taten. Die Wirklichkeit, unser Leben, darüber verfügten sie souverän und machten daraus Kunstwerke. Und doch wuchs mein Ungenügen an diesen Kunstwerken; die leicht begreifbare Rundheit dieser Romanfiguren enthüllte ihr Baugeheimnis: sie waren Repräsentanten, sie waren das, was mit ihnen bewiesen werden sollte. Ich wunderte mich darüber, daß die Leser sich immer noch mit diesen Figuren identifizieren konnten und dabei vergaßen, was bei diesen Figuren alles vergessen worden war, was aber doch jeder Leser in seinem eigenen Leben nicht übersehen konnte. Die Wirklichkeit bestand doch nicht nur aus Problemen und Ereignissen und Handlungen, sie war doch viel unübersichtlicher. Und die Menschen waren doch viel unerkennbarer und unbegreiflicher. Dann sollte man – dachte ich – nicht so tun, als könne man eine geschlossene Welt darstellen, dann sollte man die Unüberschaubarkeit des Wirklichen nicht durch Kunst überspielen, nicht durch Komposition überhöhen, sondern sollte die Unerkennbarkeit des Menschen und auch die nicht überschaubare Wirklichkeit in die Thematik der Romane einbeziehen.

Und das hat Proust getan. Er hat gesehen, daß die Wirklichkeit nicht in zusammenfassender Verkürzung und in objektiv erzählten Lebensläufen darstellbar ist, ja daß sie eigentlich überhaupt nicht repräsentierbar ist. Man könnte sagen, Proust gehe ehrlicher und genauer ans Werk, aber Ehrlichkeit und Genauigkeit sind zwei Worte für eine einzige Fähigkeit bei einem Schriftsteller.

Eigenliebe, Verstand und Gewohnheiten sind nach Prousts Worten die Baumeister der Fassaden, die wir für die Wirklichkeit halten. Und seine »so komplizierte Kunst« will uns nun die Augen wieder freimachen für die wahre Wirklichkeit. Was aber ist das, woran merkt der Leser, daß er es nicht bloß mit einer ästhetischen Konstruktion zu tun hat? Denken wir wieder an die Situationen, aus denen dieser Roman besteht, die uns zu Lesern unseres eigenen Lebens machen, obwohl unsere Kindheit nicht in Combray, unser Leben nicht in Balbec und Paris beheimatet ist. Daß uns das so selbstverständlich, so natürlich entgegenkommt, daß es uns vertrauenswürdig anmutet, das ist sicher nicht von selbst so geworden, das ist das Produkt feinster künstlerischer List, die den Stoff des wirklichen Lebens gewissermaßen ohne Verlust in die Kunst hinüberrettete.

Martin Walser: *Liebeserklärungen*. Frankfurt a. M.: Suhrkamp, 1983. S. 9–14. – © 1983 Suhrkamp Verlag, Frankfurt a. M.

Über das Bücherlesen, in so fern es zum Luxus unsrer Zeiten gehört

Antiquariatsmessen waren bis vor wenigen Jahren noch große Ereignisse für Liebhaberinnen und Liebhaber alter Bücher. Wenn sie morgens um 8 Uhr mit einer Glocke eröffnet wurden, stürmten ganze Trupps von sogenannten Läufern, schnelle Boten der Sammler und Händlerinnen, in den Saal, um Erstausgaben zu ergattern, die im Messekatalog avisiert waren. Um die Feierlichkeit der Quod Libet Messe in Hamburg in besonderer Weise zu würdigen, gab es »Kleine Veröffentlichungen der Nordischen Antiquariatsmesse Hamburg zum Buch- und Graphik-Vergnügen«. Eine Ausgabe trägt den Titel *Über das Bücherlesen, in so fern es zum Luxus unserer Zeiten gehört*, wohinter sich ein Text des evangelischen Theologen Johann Rudolph Gottlieb Beyer (1756–1813) verbirgt.

Wenn wir sein Buch aus dem Jahr 1795 heute auf dem Dachboden finden würden, könnten wir uns sofort auf den staubigen Boden setzen und mit der Lektüre loslegen – und wir würden viele auch heute noch wahre Sätze finden. So wünscht er sich, man könnte dem Publikum die »schlechten Lesereien aus den Händen winden, und dafür etwas Besseres unterschieben«. Es ist höchst zweifelhaft, ob unsere Nachfahren in hundert Jahren noch mit den heutigen Lesegeräten umgehen können werden, aber wenn sie den Nachdruck der »Kleinen Veröffentlichungen« aus dem Jahr 1995 tatsächlich als Buch in den Händen halten, können auch sie aller Voraussicht nach und ohne weitere Umstände sofort in den Genuss des Textes kommen.

Vorgelesen in der kurfürstl. mainz. Akademie nützlicher Wissenschaften zu Erfurt am 2ten Febr. 1795

Es ist über das Bücherschreiben und Bücherlesen in unsern Tagen schon so viel gesagt und geschrieben worden, dass es überflüssig wäre, hier alles zu wiederholen, was zum Lobe oder zum Tadel desselben gesagt worden ist, besonders da man schon ziemlich darüber einig geworden zu sein scheint, dass beides, nicht bloß des Bücherschreibens, sondern auch selbst des Bücherlesens, zu viel geworden sei. Indessen lässt sich doch die Sache noch von einer Seite betrachten, von der sie, meinem Bedünken nach, weniger betrachtet worden ist, nämlich insofern zugleich ein Artikel des Luxus draus geworden ist. Und diese Seite ist nicht unwichtig; denn, wenn die verschiednen Artikel des Luxus nach dem Verhältnis ihrer Allgemeinheit, und ihres Einflusses auf das Ganze, geordnet werden sollten: So würde das Bücherlesen ohnstreitig nicht in die letzte Klasse kommen, sondern eine der obersten Stellen erhalten. Es möchte also der Mühe wohl nicht unwert sein, diesen Gegenstand in eine nähere Untersuchung zu ziehen, und zu bestimmen, was er mit andern Artikeln des Luxus gemein hat, was für Gewinn und Verlust für die öffentliche und häusliche Wohlfahrt daraus entsteht, und wie jene zu erweitern, dieser aber zu vermindern sei.

Zuerst fragt sich's: *Inwiefern gehört das Bücherlesen zum Luxus unsrer Zeiten?* Dies ergibt sich schon aus dem Begriffe von Luxus überhaupt. Wenn der Luxus diejenigen Gegenstände in sich begreift, die außer dem Gebiete der notwendigen und natürlichen Bedürfnisse des Menschen liegen, und die bloß durch erhöhte Sinnlichkeit, verfeinerte Empfindung, verädelte oder auch verzärtelte Gefühle zur Wirklichkeit gekommen, und zum Bedürfnis geworden sind: So gehört das Bücherlesen unsrer Zeitgenossen großen- wo nicht größtenteils mit zum Luxus. Ich sage *größtenteils*, denn ich nehme hier denjenigen Teil der Lesewelt aus, der das Lesen als Mittel gebraucht, seine Kenntnisse zu vermehren, seine Geisteskräfte zu veredeln, und die eingesammleten Kenntnisse zum Besten der Menschheit wieder zu verarbeiten – dem also das Lesen zugleich Beruf und Arbeit ist, der nicht bloß Bücher liest, sondern Bücher studiert.

Diesen kleinen Teil abgerechnet, betreibt der größere Teil der Lesewelt das Geschäft des Lesens entweder bloß als Vergnügen und Zeitvertreib, oder als eine Mode, die zur Eleganz, zum guten Ton und zur feinen Lebensart, gehört. Mit eben der Gefälligkeit, mit welcher sich unsre eleganten Herren und Dames bequemt haben, dem Genius unsrer Zeit nachzugeben, und ein Buch in die Hand zu nehmen, mit eben der Geschmeidigkeit würden sie auch das Joujou de Normandie behalten haben, wenn es dieser edeln Beschäftigung der Finger gelungen wäre, den Rang unter den zeittötenden Mitteln zu behaupten, den es sich einige Wochen oder Monate hindurch angemaßt hatte. Dass ihm das nicht gelungen ist, gereicht allerdings unserm Zeitalter zum Ruhme, und ist ein Beweis, dass unsre Zeitgenossen, und die sogenannte feine Welt, welche den Ton angibt, doch noch nicht so schwach am Geiste geworden sei, dass ihr eine solche Fingerbeschäftigung ebenso wert wäre, als ein Zeitvertreib, bei dem auch der Verstand etwas zu tun hat. Zwar ist die Beschäftigung des Verstandes bei dem gewöhnlichen Lesen so gar beträchtlich auch nicht, indem man das, wobei viel zu denken ist, weislich liegen lässt, und sich an dem sättiget, was ohne Anstrengung gelesen werden kann, und wo man, wie der Schmetterling, von Blume zu Blume hüpft, oder, wie in einer redseligen Gesellschaft, von einer Neuigkeit zur andern übergeht, um eine mit der andern wieder zu vergessen. Aber man ist doch wenigstens nicht ganz ohne Gedanken, man richtet doch wenigstens halbe Aufmerksamkeit auf das Gelesene, besonders wenn es etwas Anziehendes ist, und insofern ist es dem menschenfreundlichen Weltbürger doch immer lieber, wenn er seine Zeitgenossen mit einem Buche in der Hand aufstehen und zu Bette gehen, als wenn er Männer und Weiber, Knaben und Mädchen, im Joujou wetteifern sieht. Aber eben darum, weil man doch das Lesen bloß als Mittel sich zu vergnügen und zu zerstreuen braucht, und sich neue Bücher aus eben den Gründen anschafft, aus denen man sich neue Meubles, Kleider, Wagen, Etuis etc. anschafft, und weil man bei jenen sich ebenso nach der Mode richtet, wie bei diesen, und daher jetzt Sagen der Vorzeit, Rittergeschichten und Szenen aus der alten Welt, wo Menschenblut wie Wasser fließt; zur andern Zeit empfindsame Romane, wo das Töten einer Fliege Alterationen erregt; sodann wieder Hexen- und Zaubergeschichten, Feenmärchen, Reisebeschreibungen, Briefe über Länder und Sitten liest, je nachdem es die Mode mit sich bringt; – gerade so, wie man Vasen, Urnen, Meubles, Putz und andre Verzierungen, bald à l'Antique, bald à l'Angloise, oder à la Figaro, Montgolfier & c. verfertigen lässt, – eben darum kann das Bücherlesen gar wohl mit in das Gebiete des Luxus gezogen werden.

Einen Platz darinnen verdient es auch, wenn wir den Aufwand in Anschlag bringen, den es verursacht. Dieser Aufwand muss auf doppelte Art berechnet werden, nicht bloß in Rücksicht der Ausgaben an Gelde, die dazu gehören, sondern auch mit

Rücksicht auf den Zeitaufwand, der damit verbunden ist. Schon in Ansehung der Geldausgaben ist das Bücherlesen, das um des Vergnügens und der Mode willen geschieht, ein teures Vergnügen, denn ein geübter Bücherleser kann in einem Jahre eine Menge Bücher weglesen, die er nicht im Stande sein würde, mit seiner jährlichen Einnahme zu bezahlen, wenn er sie sich alle selbst anschaffen sollte. Nun kann er sich zwar hierinnen mit Leihbibliotheken und Lesezirkeln helfen und eine Erleichterung verschaffen; aber oft reizt doch die Neugierde und Leselust zum eignen Ankauf, wenn der Beutel es nur einigermaßen vermag, besonders wenn man es zuweilen auch für eine Ehre hält, ein Buch vor andern gelesen zu haben, so wie man in andern Moden etwas Vorzügliches darinnen sucht, sie zuerst mit zu haben. Und gerade die Modeschriften pflegen am teuersten zu sein, sowohl wegen des Splendiden, das man ihnen durch Papier, Druck und Band zu geben sucht, als wenn es Schriften für Jahrhunderte wären, als auch wegen der Liebhaberei, die mit den Kupfern getrieben wird, die oft zum Wesentlichen des Buchs und zur Vollkommenheit des Ganzen gar nicht gehören, sondern nur als Verzierung da stehen, um das Auge zu reizen.

Noch teurer aber und kostbarer wird das Vergnügen des Bücherlesens, durch den Zeitaufwand, den es erfordert. Berechnet man, was leselustige Leute, die ihre bestimmten Berufsarbeiten haben, über dem Lesen versäumen, und was sie während der Zeit hätten verdienen können: So macht beides, das *lucrum cessans* und das *damnum emergens*, das Lesen immer zu einem sehr beträchtlichen Artikel des Luxus.

Die Bedürfnisse des Luxus haben ferner auch das Eigene, dass sie für die verfeinerte oder verwöhnte Sinnlichkeit einen großen Reiz haben, und dem, der sich einmal an sie gewöhnt hat, unentbehrlich werden. Der Luxus hat etwas Anlockendes und Anziehendes, wodurch er die Gemüter fesselt, und es ihnen schwer macht, den Genuss eines einmal gewohnten Gegenstandes wieder aufzuopfern. Im Luxus pflegt man immer lieber vorwärts, als rückwärts zu gehen, und wer erst einen gewissen Grad von Aufwand, Bequemlichkeit oder Verfeinerung in Kleidung, Ameublement, Mahlzeiten und Ergötzungen gewöhnt ist, dem fällt es schwer, sich davon wieder loszumachen und einzuschränken. Und nicht anders ist es mit dem, der einmal das Vergnügen des Lesens gekostet und sich an diese Art von Zerstreuung und Zeitvertreib gewöhnt hat. Daher sieht man Bücherleser und Leserinnen, die mit dem Buche in der Hand aufstehen und zu Bette gehen, sich damit zu Tische setzen, es neben der Arbeit liegen haben, auf Spaziergängen sich damit tragen, und sich von der einmal angefangenen Lektüre nicht wieder trennen können, bis sie sie vollendet haben. Aber kaum ist die letzte Seite eines Buches verschlungen, so sehen sie sich schon wieder gierig um, wo sie ein anderes herbekommen wollen; und wo sie nur irgendetwas auf einer Toilette, auf einem Pulte, oder sonst wo, erblicken, das in ihr Fach gehört, oder für sie lesbar scheinet, da nehmen sie es mit, und verschlingen es mit einer Art von Heißhunger. Kein Tabaksbruder, keine Kaffeeschwester, kein Weintrinker, kein Spielgeist kann so an seine Pfeife, Bouteille, an den Spiel- oder Kaffeetisch, attachiert sein, als manche Lesehungrige an ihre Lesereien.

Wenn sich endlich der Luxus hauptsächlich dadurch charakterisiert, dass die meisten Artikel desselben ursprünglich entbehrlich waren, und nur nach und nach zum Bedürfnis geworden sind: So möchten wohl die meisten Artikel der Modelektüre unter gleiche Rubrik gebracht werden können; denn die meisten haben ihr Dasein bloß dem herrschenden Geschmacke der Zeit zu verdanken, und sind Ephemeriden, deren Untergang im Reiche der Wissenschaften und der wirklichen Gelehrsamkeit weiter keine Lücke macht.

Es geschieht also wohl dem Bücherlesen, wie es von einem großen Teile der Lesewelt getrieben wird, weiter kein Unrecht, wenn wir es unter die jetzt gangbaren Artikel des Luxus mit rechnen. Damit, dass wir ihm diesen Namen beilegen, soll ihm jedoch noch nicht geradezu ein Verdammungsurteil gesprochen werden, denn auch der Luxus, besonders ein gewisser Grad desselben, insofern er eine Folge des vermehrten Wohlstandes ist, ist ja nicht geradezu zu verdammen, sondern wirkt, besonders wenn er mit dem öffentlichen Wohlstande nicht in zu großes Missverhältnis kömmt, mancherlei Gutes, um deswillen er gar wohl zu dulden ist, und nicht, ohne Übel ärger zu machen, aus der Welt verbannt werden könnte. Und so können wir auch dem leselustigen Genius unsers Zeitalters manches Gute nachrühmen, das ohne ihm nicht dasein würde. Da aber auch manches an ihm zu tadeln ist, so fragt sich's: *Wird jenes von diesem überwo-*

gen, oder lässt sich das Letzte nicht verbessern und wegschaffen, ohne das Gute mit aufzuheben?

Unter den verschiedenen Mitteln, die Zeit hinzubringen, sich zu zerstreuen oder zu unterhalten, ist immer das Bücherlesen edler und der Würde des Menschen angemessner, als viele andre sogenannte zeitvertreibende oder zeittötende Beschäftigungen; denn man mache sich's auch so bequem dabei, als man wolle, und denke so wenig, als möglich ist, so muss man doch *Etwas* denken, und so werden also doch die edlern Kräfte des Menschen, die Geisteskräfte, beschäftigt und geübt, und der Einfluss, den diese Übung auf die Entwickelung und Ausbildung jener Kräfte hat, sei so klein als er wolle, so bleibt er doch nicht ganz ohne Wirkung, sollte es auch bloß in dem Maße sein, in welchem man vom Wassertropfen sagt: *Gutta cavat lapidem, non vi, sed saepe cadendo* – Ist gleich ein starker Bücherleser nicht immer auch ein belesener Mann, der von dem, was er gelesen hat, Rede und Antwort geben und Gebrauch davon machen kann, und ist ein großer Bücherleser darum noch viel weniger ein großer Denker: So ist doch immer eher etwas mit ihm anzufangen, als mit dem, der *ceteris Paribus* nichts liest, und sich um die Geistesprodukte seiner Zeitgenossen so wenig, als um die Vorzeit bekümmert. Der Lesende hat doch immer einen größern Ideenvorrat, eine verhältnismäßig größere Fertigkeit, Ideen zu fassen, und man kann sich mit ihm leichter verständigen, als mit dem, der in der literarischen Welt und unter dem lesenden Publikum ein völliger Fremdling ist.

Daraus entsteht denn ein zweiter Gewinn, der nicht minder beträchtlich ist, nämlich dass das Gebiete der Wahrheit dadurch erweitert, und manche nützliche und wohltätige Idee schneller in Umlauf gebracht wird. Sei der Spreu und Spelzen, die der Lesewelt vorgelegt werden, auch noch so viel, so ist doch mitunter auch ein Weizenkörnlein darinnen, das hie und da aufgefasst

wird, und Frucht bringt. Glückt es aber sogar einer guten an nütz-
lichen Ideen reichhaltigen Schrift, in der Lesewelt Aufsehen zu
machen, und eine herrschende Lektüre zu werden, so ist es immer ein großer Vorteil, ein leselustiges Publikum schon vorzu-
finden, als wenn man es erst leselustig machen sollte. Wer einmal liest, liest denn doch auch ein solches Buch mit, das er
vielleicht nicht würde gelesen haben, wenn ihn bloß seine Neigung und sein Geschmack hätte bestimmen sollen, und die ge-
waltige Göttin Mode in der Lesewelt nicht ebenso gut wirkte,
wie in der galanten Welt. Zu der Zeit, z. B. da Sophiens Reise
nach Sachsen aus einer Hand in die andere ging, würde dies Buch
wahrscheinlich manchem eine zu langweilige Lektüre gewesen
sein, wegen des langsamen Gangs der Geschichte, und der zu
vielen, mitunter gedehnten Episoden und Raisonnements; aber
da dies Buch einmal in der feinen Welt sein Glück gemacht hatte:
So las es mancher ehrenhalber mit, der es sonst vielleicht lieber
mit einer lustigern raschern und weniger moralisierenden Geschichte vertauscht hätte. Und so würde vielleicht auch jetzt
manches gute und nützliche Buch, das einen trefflichen Vorrat
von Lebensweisheit und fruchtbaren Ideen enthält, und jenem
noch vorzuziehen ist, weit weniger gelesen worden sein, wenn
unser Publikum nicht so leselustig wäre, und auch der Leser
ohne, oder von verdorbenem Geschmack, sich nicht genötigt
sähe, in den einmal angegebnen Ton mit einzustimmen, und
auch zu lesen, was alle Welt jetzt liest, und für lesenswert erklärt.
So wird mancher Leser selbst zu unsern großen Schriftstellern,
deren Namen einmal in der literarischen Welt, zum Teil auch in
der politischen Welt glänzen, hingezogen, die sonst ungelesen
bleiben würden. Ich will von diesen Schriftstellern keine namentlich anführen, weil ich sonst einen mitnennen müsste, dessen Name jetzt nicht ohne Schein der Schmeichelei angeführt
werden kann; aber sicher würde von den Geisteswerken solcher

großen Männer durch das Tiefgedachte und Vielumfassende, das darinnen liegt, mancher Leser sich abschrecken lassen; wenn er nicht von Leselust gedrungen und von der Stimme des Publikums aufgerufen, es doch wagte, seine Geisteskräfte einmal mehr als gewöhnlich anzustrengen, um sich mit ihnen bekannt zu machen, und doch auch sagen zu können: Ich habe sie gelesen. Freilich kann man sich wohl vorstellen, dass man viele fragen könnte, wie dort Philippus der Apostel den reisenden Kämmerer fragte: Verstehest du auch, was du liesest? Aber wenn sie auch nicht alles verstehen, so verstehen sie doch manches, oder werden durch manchen großen auffallenden Gedanken gereizt, ihn weiter zu verfolgen, sich von andern näher belehren zu lassen, und so sich nach und nach auf eine höhere Stufe von Geisteskultur zu erheben.

Am meisten kömmt uns die Leselust unsrer Zeitgenossen zu statten, wenn wir ihnen Ideen und Wahrheiten mitzuteilen haben, die einer schnellen Verbreitung bedürfen. Da stehen sogleich eine Menge Journale, fliegende Blätter, Volksschriften, selbst Romane und andere Kinder des Leseluxus in Bereitschaft, um sie in diesem und jenem Gewande umherzutragen, öffentlich beschauen, untersuchen, und wenn sie bewährt erfunden worden, nationalisieren zu lassen – welches alles weit langsamer gehen würde, wenn man weniger läse. Auf diese Art sind viele Grundsätze, Facta, Erfindungen, Vorschläge und Wünsche zur Beförderung der Aufklärung, Toleranz, Industrie, zur Vermehrung der Nahrungsquellen, der Künste und Wissenschaften schnell verbreitet worden.

Außerdem hat das Bücherlesen, als Vergnügens- und Zerstreuungsmittel betrachtet, auch das Gute an sich, dass man, um es zu genießen, nicht außer seinem Hause zu sein braucht, sondern vielmehr zu Hause gehalten wird. Die meisten Ergötzungen und Zerstreuungen sucht der Mensch außer seinem Hause, und der Gele-

genheiten und Reizungen, außer seinem Hause zu sein, sind bei
dem jetzigen Hange nach Vergnügen und Zerstreuung so viele,
dass es wirklich einen nachteiligen Einfluss auf häuslichen Wohlstand und häusliche Glückseligkeit hat. So wenig man auch verlangen kann, dass der Mensch sich in seinen vier Mauern ver-
schließe, und in seinem Hause wie in einem Kloster lebe, ohne an
dem, was außer demselben vorgeht, Anteil zu nehmen: So sehr ist
doch unsern Mitbürgern und Mitbürgerinnen ein wenig mehr
Häuslichkeit zu wünschen, und wenn gleich die bloß persönliche
oder körperliche Gegenwart nicht hinlänglich ist, sondern auch
Anwesenheit des Geistes erfordert wird: So tut sie doch *etwas*, so
hört und sieht man doch *manches*, was man außer dem Hause
nicht sehen und hören würde, und schon die Möglichkeit des Se-
hens und Hörens gibt dem Hausgenossen doch nicht ganz freies
Spiel, und erhält sie in einiger Furcht. Ein Vergnügen, das der
Mensch, der einmal in häuslicher Verbindung lebt, in seinem Hause genießen kann, ist also doch immer unschädlicher, als so manche andere Lustpartien, die der Luxus und die Zerstreuungssucht
unsers Zeitalters hervorgebracht hat, und dadurch das außerhäus-
liche Leben befördert.

Johann Rudolph Gottlieb Beyer: »Über das Bücherlesen, in so fern es
zum Luxus unsrer Zeiten gehört«. [Erfurt, 1796.] In: *quod libet. Nordische
Antiquariatsmesse Hamburg 1996*, 1995. S. 7-13.

Gedichte

Die sprachliche Meisterschaft von Rainer Maria Rilke muss hier nicht ausdrücklich gerühmt werden. Es ist kaum möglich, sie zu überschätzen. Er ist einer der größten Lyriker deutscher Sprache, und so gelten seine Gedichte auch als Triumph über das Unsagbare. In ihrer Verflechtung von Geheimnis, Dunklem, Rätselhaftem auf der einen Seite überraschen sie auf der anderen Seite mit einer hellen Klarheit und einer überraschenden Einfachheit.

Das Gedicht »Der Lesende«, das im Jahr 1906 entstanden ist, bietet viele Möglichkeiten der Interpretation. Unter anderem beschreibt Rilke einen Aspekt des Lesens, über den man selten spricht. Es geht hier um den Moment, in dem man sich von der Lektüre löst, man beim Lesen abschweift, an etwas anderes denkt und so die eigenen Träume und Phantasien mit dem Text vermischt. Das Buch ist schwer, heißt es, der Lesende hat einen verregneten Tag damit verbracht, und nun rollen die Worte davon. Es ist Abend geworden – aber wie viele Erlebnisräume der Lesende offenbar in sich geöffnet hat! Das ist das Wunder. Daneben gibt es aber noch so viele weitere Deutungsmöglichkeiten, wie es Leserinnen und Leser gibt.

In seinem zwei Jahre später entstandenen Gedicht »Der Leser« fängt Rilke den kostbaren und vermutlich selten vorkommenden Moment ein, in dem Literatur uns nachhaltig verändert und uns als andere Menschen zurücklässt als die, die wir vorher waren. Ob besser oder schlechter sei dahingestellt. Wer mag das beurteilen?

Der Lesende

Ich las schon lang. Seit dieser Nachmittag,
mit Regen rauschend, an den Fenstern lag.
Vom Winde draußen hörte ich nichts mehr:
mein Buch war schwer.
Ich sah ihm in die Blätter wie in Mienen,
die dunkel werden von Nachdenklichkeit,
und um mein Lesen staute sich die Zeit. –
Auf einmal sind die Seiten überschienen
und statt der bangen Wortverworrenheit
steht: Abend, Abend … überall auf ihnen;
ich schau noch nicht hinaus, und doch zerreißen
die langen Zeilen, und die Worte rollen
von ihren Fäden fort wohin sie wollen …
Da weiß ich es: Über den übervollen
glänzenden Gärten sind die Himmel weit;
die Sonne hat noch einmal kommen sollen. –
Und jetzt wird Sommernacht, soweit man sieht:
Zu wenig Gruppen stellt sich das Verstreute,
dunkel auf langen Wegen gehn die Leute,
und seltsam weit, als ob es mehr bedeute,
hört man das Wenige, das noch geschieht.

Und wenn ich jetzt vom Buch die Augen hebe,
wird nichts befremdlich sein und alles groß.
Dort draußen ist, was ich hier drinnen lebe,
und hier und dort ist alles grenzenlos;
nur dass ich mich noch mehr damit verwebe,
wenn meine Blicke an die Dinge passen
und an die ernste Einfachheit der Massen, –
da wächst die Erde über sich hinaus.

Den ganzen Himmel scheint sie zu umfassen:
der erste Stern ist wie das letzte Haus.

Der Leser

Wer kennt ihn, diesen, welcher sein Gesicht
wegsenkte aus dem Sein zu einem zweiten,
das nur das schnelle Wenden voller Seiten
manchmal gewaltsam unterbricht?

Selbst seine Mutter wäre nicht gewiss,
ob er es ist, der da mit seinem Schatten
Getränktes liest. Und wir, die Stunden hatten,
was wissen wir, wieviel ihm hinschwand, bis

er mühsam aufsah: alles auf sich hebend,
was unten in dem Buche sich verhielt,
mit Augen, welche, statt zu nehmen, gebend
anstießen an die fertigvolle Welt:
wie stille Kinder, die allein gespielt,
auf einmal das Vorhandene erfahren;
doch seine Züge, die geordnet waren,
blieben für immer umgestellt.

Rainer Maria Rilke: »Der Lesende«. In: R. M. R.: *Das Buch der Bilder.* 2. Buch.
2. Tl. Berlin/Leipzig/Stuttgart: Axel Juncker Verlag, 1906. S. 147–150.
»Der Leser«. In: R. M. R.: *Der neuen Gedichte anderer Teil.* Leipzig: Insel Verlag,
1918. S. 113.

Essais

Michel de Montaigne (1533–1592), geboren als Sohn einer reichen Handelsfamilie in Bordeaux, verzaubert ohne jedes Staubflöckchen auch im 21. Jahrhundert mit lebhaften, erfrischenden und verblüffend genauen Selbstbeobachtungen. In seinen *Essais* erzählt er, dass er Geschmack an Büchern zum ersten Mal durch das Lesen von Ovids *Metamorphosen* (ca. 1–8 n. Chr.) gefunden habe. Ungefähr mit sieben, acht Jahren, so erinnert er sich, habe er andere Vergnügen stehen lassen, um stattdessen zu lesen. Latein war seine Muttersprache, und so fiel ihm die Lektüre der in Latein verfassten *Metamorphosen* offenbar leichter als die der – wie er sagt – *Schundliteratur* wie dem Artusroman *Lancelot du Lac*, der seinerzeit in Mode war. Geschult an dieser ersten Lektüre, konnte er seinen messerscharfen Verstand entwickeln. Beim Lesen sieht er sich selbst gerne über die Schulter, um genau zu beobachten, was dabei passiert.

Wann ich im Lesen eine schwere Stelle finde, die ich nicht verstehen kann, so beiße ich mir deswegen die Nägel nicht ab; sondern lasse es, nachdem ich sie ein oder ein paar Mal beleuchtet habe, dabei bewenden. Wenn ich mich darauf erpichte, würde ich mich und meine Zeit verderben, denn mein Kopf wird leicht stutzig: Was er nicht im ersten Anlauf lernt, das lernt er noch weniger wenn er angestrengt wird. Ich tue nichts ohne Frohsinn, und zu langes und anhaltendes Nachsinnen trübt meinen Verstand, macht ihn träge und lässig; er sieht nicht mehr klar, sondern nur verworrne Bilder. Ich muss also die Augen meines Verstandes decken, und nur von Zeit zu Zeit den Blick hinschicken, wie man es macht, wenn man von der Schönheit des Scharlachs urteilen will, wo man uns sagt, man müsse schnell und verschiedene Male auf seiner Fläche entlang sehen. Werde ich eines Buches überdrüssig, so leg ich's weg und nehme ein andres, und lese nicht anders als in den Stunden, wo ich deswegen Langeweile fühle, weil ich nichts Bestimmtes zu tun habe.

Ich greife nicht gerne nach neuen Büchern, weil mir die alten mehr Kern und Geist zu haben scheinen; auch nicht nach Griechischen, weil meine schüler- und lehrlingsartigen Begriffe von dieser Sprache, mir nicht erlauben sie mit Urteilskraft zu lesen. Unter den neuern bloß angenehmen Büchern, halte ich den Decameron oder die Erzählungen des Bocaz, den Rabelais und die Küsse des Johannes Secundus, (wenn man sie unter diesem Titel anführen darf) würdig, dass man sie zu seiner Unterhaltung lese. Die Amadisse und mehrere dergleichen Schriften, haben mich selbst nicht in meinen Kinderjahren anzuziehen vermocht.

Noch dieses will ich sagen, es mag so dreist oder verwegen klingen als es will, dass dies Alter, das mich drückt, mich kein Vergnügen am Ariost, ja nicht einmal am ehrlichen Ovid finden lässt. Seine Leichtigkeit und seine Erfindung, die mich vordem entzückten, können mich jetzt kaum unterhalten. Ich sage meine Meinung über alles offenherzig, selbst über Dinge, die vielleicht meine Einsichten übersteigen, und von denen ich gar nicht glaube, dass sie vor meinen Richterstuhl gehören. Was ich darüber sage, ist auch bloß ein gegebenes Maß meiner Einsichten, und keineswegs ein Maßstab der Dinge. Wenn mir der Axiochus des Plato nicht behagt, als ein für diesen Verfasser kraftloses Werk: So tue ich dabei nicht stolz auf mein Urteil, das nicht so eitel ist, dem Urteile so vieler berühmten Männer des Altertums das Widerspiel zu halten; die es vielmehr für seine Meister und für seine Lehrer erkennt, und mit denen es lieber irren und fehlen mag. Es erkennt sich selbst für schuldig und verurteilt sich dahin, dass es sich entweder an der Schale halte, weil es nicht bis auf den Kern dringen kann, oder dass es die Sachen aus einem falschen Gesichtspunkte ansehe. Es begnügt sich damit, wenn es sich vor Verwirrung und Unordnung in Acht nehmen kann. Seine Schwachheit sieht es und gesteht sie gerne und willig ein. Es will gerne den Schein, wie ihm die Sachen vorkommen, aufs Billigste erklären; aber diese Erklärungen sind ungereimt und unvollkommen. Die meisten Fabeln Esops haben mehr als einen Sinn und mehr als eine Anwendung. Diejenigen, welche solche auf die Mythologie anwenden, suchen daran nur eine Seite, welche der Fabel nur so, so, anpasst! Für die meisten haben diese Fabeln nur einen äußern und oberflächlichen Sinn. Es liegt aber tieferer, wesentlicherer und verborgener Sinn darin, den sie nicht heraus zu bringen vermögen. Das ist so auch mein Fall.

Doch, um auf meinem Wege zu bleiben: Es ist mir so vorgekommen als ob in der Dichtkunst Virgil, Lucrez, Catull und Horaz, bei weitem obenan stehen; Virgil besonders in seinen Georgicis, welches ich für das vollkommenste Werk halte, das wir in der Dichtkunst haben; und verglichen mit dem, was man leicht erkennen kann, dass es in der Äneide Stellen gibt, bei welchen der Verfasser noch die letzte Feder gebraucht haben würde, wenn er dazu Zeit gehabt hätte; und halte ich das fünfte Buch der Äneide für das vollkommenste unter allen. Auch Lucan ist mir sehr lieb, und ich nehme ihn gern zur Hand, nicht sowohl wegen seines Stils, als wegen seines innern Wertes, und wegen der Wahrheit seiner Meinungen und Urteile. Was den ehrlichen Terenz anbetrifft, so finde ich die Fülle und Anmut seines Lateins vortrefflich, die Bewegungen der Seele und die Beschaffenheit der Sitten nach dem Leben zu malen und darzustellen: Alle Augenblicke führen mich unsere Handlungen zu ihm zurück. So oft ich ihn lese finde ich neue Schönheiten, neue Anmut, neuen Reiz.

Diejenigen, welche ungefähr zu den Zeiten des Virgils lebten, klagten darüber, dass ihn einige mit dem Lukrez verglichen. Nach meiner Meinung ist da freilich nichts zu vergleichen, wo keine Ähnlichkeit ist. Allein, es wird mir doch sauer, mich in diesem Glauben so unerschütterlich zu erhalten, wenn ich eben eine schöne Stelle aus dem Lukretius mit Bedacht lese! Wenn die Verehrer Virgils sich schon über jene Vergleichung ärgerten, was würden sie nicht erst zu der barbarischen Stockdummheit derjenigen sagen, die heutigs Tages den Ariost mit ihm vergleichen wollen? Und was würde Ariost selbst dazu sagen?

Michel de Montaigne: *Gedanken und Meinungen über allerlei Gegenstände.* Dritter Band. Übers. von Johann Joachim Christoph Bode. Berlin: Lagarde, 1793. S. 188–192.

Die Aussortierten

Kurt Tucholsky schrieb zu seinen besten Zeiten nicht selten vier bis fünf Artikel pro Tag. Ein Arbeitstag hatte für ihn überhaupt erst einen Sinn, nachdem ein dicker Umschlag mit Texten, adressiert an Siegfried Jacobsohn (1881–1926), den Herausgeber der Wochenzeitschrift *Weltbühne*, in den Briefkasten geplumpst war. Wenn es um Bücher ging, von denen Tucholsky begeistert war, sollte seine Besprechung dafür sorgen, dass man nach der Lektüre aufspringen und die Nachtglocke des Buchhändlers betätigen wollte, um sofort mit dem eigenen Lesen zu beginnen.

Wie vielen Menschen fiel es auch ihm schwer, seine umfangreiche Bibliothek auszusortieren. Was bleibt? Was wird vergessen? Hinter jedem Text stehen Menschen, nicht nur die, die das Buch geschrieben haben, sondern auch die, die aufgemuntert, zugehört, getröstet oder Kopfschmerztabletten und Kaffee gereicht haben. So viel Hoffnung, so viel Mühe, die zu achten wären. Es gehört wohl zu den schwierigsten Entscheidungen von Buchliebhaberinnen und Buchliebhabern, auszuwählen, welche Bände gelesen werden, welche als eine Art Kompost ungelesen zwischen den gelesenen stehen dürfen und von welchen man sich ganz trennen kann. Denn ein Buch ist stets mehr als ein Stapel bedrucktes Papier.

Im linken Seitenflügel des Schlosses steht die Bibliothek der Aussortierten. Wenn ein Buch einläuft, das ich nicht lesen mag, dann drücke ich achtzehn Mal auf den Knopf, und dann kommt der Bibliothekar. Es ist ein alter ausrangierter Expressionist; man soll sich der Kollegen annehmen. »Herr Doktor«, sage ich, »das ist für Sie.« – »Dichtwerk! Knall! Nachtigall!«, sagt er dann, »gesteilt, geballt, getürmt...« – »Na ja«, sage ich, »es ist gut – Sie können gehn.« Und er geht, mit seinem Buch.

Was stehen da für Bücher, bei dem gesteilten Doktor –?

Stehen da nur wertlose Schmarren? ›Das süße wiener Mädl‹? ›Der Schloßhauptmann von der Reckenburg‹? ›Trotzköpfchens Nachgeburt‹ und dergleichen? Oder nur Fachwerke, deren Fächer mir nicht zugänglich sind? ›Die Appendicitis bei den Chinesen‹? (also das gibts), ›Die Vorsilbe Pi in der deutschen Kindersprache‹? ›Kaurimuscheln als Zahlungsmittel bei den Primitiven‹ von Reichskanzler a. D. Cuno... was in aller Welt steht da?

Neulich habe ich mir den ganzen Schwung einmal angesehn, bevor ich ihn verschenkt habe. Was war das –

Da steht seit jeher: erstens jene Makulatur, die man schon erkennt, wenn man sie anblättert. Es gibt Sätze, die hat ein anständiger Schriftsteller nicht zu schreiben; wer es doch tut, ist keiner, vergessen sei sein Name, nie behalten sei sein Name. Es sind das nicht nur jene parodistischen Fehler, auf die man so oft stößt; es gibt eine Plattheit der Gesinnung, eine Banalität der Erfindung, eine Warenhaushaftigkeit des Wesens, die drücken sich alle drei zuerst im Stil aus. Form ist Wesen. Schließlich muss es eine Grenze nach unten geben... das also steht da.

Dann stehen dort zweitens Fachwerke, die man mir in der irrtümlichen Annahme zugeschickt hat, ich wisse alles. Ich weiß einiges, und das, was ich weiß, und worüber ich schreibe, das weiß ich nicht unvollständig. Aber Buchkritiker, jene Allerweltskerle, die über jedes Buch schreiben können, das ihnen zufällig in die Finger gerät … das lieber nicht.

Am größten ist unter den Büchern, die der Doktor in Verwahrung hat, die dritte Gattung, und wenn ich manchmal durch den verschneiten Schlosspark gehe, hinter mir der Silberdiener und die Amme unsres Geschlechts, vor mir ein junger Nationalsozialist, dem habe ich eine Fahne geschenkt und ein Kochgeschirr, und wenn ich ihn frage: »Na, was machen Sie?« – dann sagt er: »Ich dräue« … da habe ich so nachgedacht: Warum baue ich so viele Bücher auf, um die ich mich nachher nie mehr kümmere? Bücher, an die die Verfasser vielleicht viel Mühe gewandt und auf die sie sicherlich viel Hoffnungen gesetzt haben – warum sortiere ich sie aus? Ist damit über die Bücher etwas ausgesagt?

Nichts ist über ihren Wert damit ausgesagt, nichts.

Sehr viel aber ist ausgesagt, wenn man Kritik als den Zusammenstoß eines Kopfes mit einem Buch ansieht; wenn es dann, nach Lichtenberg, hohl klingt: Das muss nicht immer am Buch liegen. Das kann auch am Kopf liegen. Und ich möchte nicht, dass es hohl klingt.

Seit ich mich bemühe, eine bunte und möglichst lehrreiche Buchkritik zu machen, ist mein erstes Bestreben dies gewesen: nicht das Literaturpäpstlein zu spielen. Das kann es nicht geben, und das soll es auch nicht geben. Jeder, der kritisch tätig ist, sollte täglich dreimal dieses Gebet beten: Damit, dass du kritisierst, bist du dem Werk nicht überlegen; dadurch bist du ihm nicht überlegen; dadurch bist du ihm nicht überlegen. Es ist schon schlimm genug, dass es viele und durchaus nicht ungebildete Leser gibt, die dergleichen glauben; jeder schöngeistige Zahnarzt ist ernsthaft der Meinung, er sei dem Künstler über, weil er ihn ablehne, und noch im Lob liegt eine Anerkennung seiner selbst. Das ist eine Täuschung.

Man hat vielmehr einzusehn: Leben ist aussuchen. Und man suche sich das aus, was einem erreichbar und adäquat ist, und an allem andern gehe man vorüber. Ließe man mich auf André Gide, auf Paul Claudel, auf Robert Musil los: Das gäbe ein rechtschaffenes Unglück. Ich verstehe sie nicht; sie sagen mir nichts; ich weiß gar nicht, was ihre Schriften zu bedeuten haben. Ich habe mich bemüht: Ich weiß es nicht. Ich spüre die geistige Potenz – das genügt aber nicht. Also habe ich zu schweigen, wenn von ihnen die Rede ist, und nicht etwa zu glauben, dadurch, dass ich eine Meinung über sie abgebe, hätte ich sie schon verdaut. Dergleichen darf man wohl nicht sagen, denn das breite Publikum will den Unfehlbaren, den, der sich nie irrt – und das hat denn diesen größenwahnsinnigen Typus von Theaterkritiker erzeugt, einen Gott, der an Wolkenhöhe und an Kostbarkeit der Talmi-Tiara nur noch von einem übertroffen wird: vom Redakteur. In der altdeutschen Ambraser Handschrift des Wolfdieterich findet sich auf Blatt 1104 ein Redakteur erwähnt, Wittich von Orendel, der soll einmal zugegeben haben, dass er sich geirrt hat. Ich halte die Stelle für apokryph.

Viele Kritiker kritisieren mit jenem Herzklopfen, das nur unter Familienangehörigen bekannt ist; Verwandte können einander so prächtig ärgern ... Am tollsten ist das in der Musikkritik. Da geht der Kritiker, eitel-wonniger Aufregung voll, nach dem Konzert an die Zensurenausteilung, und die Sängerin oder die Tenörin entfaltet die Zeitung wie Kinder das Schulzeugnis; es ist beinah ein erotischer Vorgang, der dafür auch einen Dritten nicht viel angeht. Wenn es bei uns damit auch nicht mehr so schlimm bestellt ist wie ehedem, wo die halbe Kraft der Literaten in der Polemik draufging: Ich habe als Objekt der Kritik, das ich Gott sei Dank auch bin, merkwürdige Erfahrungen gemacht. Das sind nicht viele, die einem nach kräftigem Verriss unbefangen in die Augen sehen können – die meisten haben ein böses Gewissen, grüßen nur halb und gehen herum wie die kleinen Hundchen, die in die Stube kritisiert haben und die nun erwarten, dass man sie mit der Nase hineinstößt. Demgegenüber stehen allerdings jene Künstler, die einen tadelnden Kritiker am liebsten erschießen möchten, und gleich – peng-peng – gehen sie auf die Motivenjagd. Frauen haben immer nur eines, jenes; Männer suchen nach Geld, nach Gründen der ›Feindschaft‹ … nur auf den einen Gedanken kommen sie nicht: dass dem Kritiker das Werk wirklich nicht gefallen haben könnte. Mir klopft das Herz nicht schneller: nicht, wenn sie mich zerreißen, nicht, wenn ich sie zerreiße. Es gibt nur zwei eherne Gesetze für die Kritik: die Wahrheit zu respektieren und, von ganz seltenen Fällen abgesehn, das Privatleben des Kritisierten unberührt zu lassen.

Und weil ich das alles weiß, deshalb sortiere ich munter aus, und da steht nun dieser Kirchhof der Literatur, mit lauter Leuten, die hier den Leichnam spielen müssen, anderswo leben sie vielleicht, wer weiß das?

Es muss aussortiert werden. Es erscheinen in Deutschland täglich ungefähr 10 (zehn) belletristische Werke; die Fachliteratur steht auf einem andern Blatt der Statistik. Täglich auch nur eines dieser zehn Bücher zu lesen, so zu lesen, wie ein Kritiker zu lesen hat: aufmerksam, die zur Sache gehörige Literatur suchend oder kennend … das dürfte nicht gut möglich sein. Deshalb muss aussortiert werden.

Wer seine Sache so ernst nimmt – zu ernst? –, der sortiert auch gerne jene aus, die sich mit ihrer Arbeit weniger Mühe geben als der Kritiker mit der Kritik. Die Mehrzahl der Autoren, deren Bücher man mir zusendet, sind ohne Fülle. Ich wittre, wie das hergestellt wird: Sie verlassen sich fast immer darauf, dass ihnen bei der einmaligen Niederschrift alles Nötige einfällt. Und das gibt es nicht. Und da jedes Kunstwerk, wenn man von einigen genialen Improvisationen absieht, Mosaik-Arbeit ist, so wirkt das Zeug so leer, so nichtig, so armselig. Dann haben sie noch die Frechheit, ihre kleinen Geschichten Roman zu nennen, die armen Luder. Nichts auf der Sparkasse und dann ›groß ausgehn‹ ... sie sollen bei ihrem Schneider Schulden machen, nicht in der Literatur. Hier wird nicht gepumpt. Die werden aussortiert.

Und ganz bewusst und mit aller Tendenz sortiere ich die Lieblinge der feinen Bürger aus; es ist mir eine kleine Wonne, dem Nachtigallen-Doktor alle diese Bücher zu übergeben, die die Schaufenster vornehmer Universitäts-Buchhandlungen zieren. Boykott gegen Boykott. Sie uns und wir sie. Wer so frech, wer so unduldsam den Radikalen verbannt, wer es der Zeitung, dem verängstigten Sortimenter und den Zeitungshändlern verargt, dass sie etwas auslegen und verbreiten, was nicht genehm ist: Der darf sich nicht wundern, wenn er von uns mit derselben Waffe bekämpft wird. Wenn man aus solch einem vornehmen Buch und seinen Fehlern nichts lernen kann, oder wenn es nicht so bedeutend ist, dass es zu dem Weltbild gehört, das wir erstreben, dann hinweg mit ihm.

Der gesteilte Doktor hat heute Ausgang – ich will mir noch einmal seinen Laden ansehn.

Es ist ganz still. Das Schloss ist verschneit, die Voralpen liegen weiß im dunstigen Winternebel. Da stehen die Reihen: Wieviel Meter mögen das sein? So viel Arbeit; so viel Waschzettel, so viel Verträge, Notizen, Manuskripte; anfeuernde Geliebte, tadelnde Freunde, Vorschüsse, Kritiken, Stolz und Ruhm, Enttäuschung und Neid, Porto und Gefühlswallung ... I can't help it. Leben ist aussuchen.

Kurt Tucholsky: »Die Aussortierten«. In: K. T.: *Gesammelte Werke in zehn Bänden*. Bd. 9. Hrsg. von Mary Gerold-Tucholsky und Fritz J. Raddatz. Reinbek bei Hamburg: Rowohlt, 1975. S. 112–115.

2021 Philipp Reclam jun. Verlag GmbH,
Siemensstraße 32, 71254 Ditzingen

Übersetzung des Shakespeare-Zitats: *Shakespeares WortSchätze.*
Englisch – Deutsch. Mit einem Nachw. hrsg. von Frank Günther.
München: Deutscher Taschenbuch Verlag, 2014

Die Orthographie der abgedruckten Textauszüge wurde, sofern sie nicht
dem heutigen Sprachgebrauch entsprach, behutsam modernisiert.
Davon ausgenommen sind die Texte von Martin Walser und Siegfried Lenz.

Umschlaggestaltung und Layout: Anja Grimm Gestaltung
Umschlagabbildung und Illustrationen: Tanja Kischel
Druck und buchbinderische Verarbeitung:
Friedrich Pustet GmbH & Co. KG,
Gutenbergstraße 8, 93051 Regensburg
Printed in Germany 2021
RECLAM ist eine eingetragene Marke
der Philipp Reclam jun. GmbH & Co. KG, Stuttgart
ISBN 978-3-15-011365-3
www.reclam.de